BATIMENTS SCOLAIRES

TABLE DES PLANCHES.

BATIMENTS SCOLAIRES

RÉCEMMENT CONSTRUITS EN FRANCE

ET

PROPRES A SERVIR DE TYPES POUR LES ÉDIFICES DE CE GENRE

PAR

Théod. VACQUER, Architecte.

UN VOLUME GRAND IN-4°, AVEC TEXTE

PRIX : 30 FRANCS.

A.PHE C.

PARIS.

CAUDRILIER,

LIBRAIRIE SPÉCIALE D'ARCHITECTURE,

19, Boulevard Saint-Martin, 19.

1863

Sèvres, Imprimerie de LEFÈVRE, Grand'Rue, 170

INTRODUCTION

La sollicitude dont le gouvernement et les administrations municipales de la France entourent depuis longtemps l'instruction de la jeunesse, le développement qu'a surtout reçu l'enseignement primaire, l'accroissement continuel du nombre des enfants qui fréquentent les écoles, motivent journellement la construction de nouveaux bâtiments scolaires. De plus, les améliorations considérables apportées dans ces derniers temps aux aménagements de ce genre d'édifices entraînent la reconstruction de la plupart des établissements existants. Il en résulte que les travaux qui le concernent entrent pour une part de plus en plus large dans les budgets communaux. Il devenait donc indispensable de réunir en un corps d'ouvrage tous les renseignements propres, non-seulement à faciliter la rédaction des projets d'écoles, mais encore à les mettre à la hauteur des exigences et des besoins actuels. C'est ce qui n'avait pas encore été fait. Le présent travail, rédigé exclusivement au point de vue de l'architecture, repose sur l'étude d'un certain nombre de bâtiments, dont plusieurs existent à Paris, et sont considérés comme d'excellents modèles à suivre. Etant tous construits depuis peu d'années en vue de leur destination particulière, ils réalisent les progrès dont le service de l'enseignement a été l'objet et ne sont pas, comme cela avait eu lieu le plus souvent jusqu'alors, d'anciens locaux appropriés tant bien que mal aux conditions d'une école. Il résultera de notre comparaison et de notre examen, nous l'espérons du moins, un programme aussi complet et aussi satisfaisant que possible pour tous les cas qui pourraient se présenter.

Il existe deux ordres de bâtiments scolaires : ceux affectés à l'instruction primaire et ceux destinés à l'enseignement secondaire et supérieur. Parmi les premiers il faut établir une distinction entre les écoles rurales et les écoles urbaines. Ces dernières, plus complexes que les autres, se composent d'asiles pour les enfants de deux à sept ans, d'écoles de jeunes filles, d'écoles de jeunes garçons et de classes d'adultes. Ces différents services peuvent former des établissements distincts et séparés ou se trouver réunis de la manière suivante : 1° Asile de jeunes enfants et École de filles (rarement on réunit un asile et une école de garçons) ; 2° Écoles de filles et de garçons ; 3° Asile, Écoles de filles et de garçons ; 4° Asile, École de filles, École de garçons et Classes d'adultes. Nos exemples ont été choisis de telle sorte qu'ils offrent un spécimen de chacun de ces différents services, tant isolés que groupés selon les divers cas mentionnés ci-dessus.

Les établissements d'enseignement secondaire et supérieur comprennent les lycées départementaux et communaux, les séminaires, les écoles normales.

PREMIÈRE PARTIE

BATIMENTS D'INSTRUCTION PRIMAIRE

Les bâtiments d'écoles demandent à être placés autant que possible au centre de la localité ou du quartier auquel ils sont affectés. Cependant il convient, avant tout, de leur attribuer l'emplacement le plus favorable à une bonne répartition des bâtiments, à leur salubrité, à leur orientation, et dont les abords sont les plus convenables. Ces abords, trop souvent négligés jusqu'ici, ne sont pas sans importance. Il ne faudrait pas, par exemple, que les enfants, qui sortent presque tous à la fois, se trouvassent subitement lancés sur le pavé d'une rue étroite et fréquentée ; il faut choisir de préférence une voie large et peu suivie où leur troupe puisse se diviser sans entraver la circulation et sans qu'ils soient eux-mêmes exposés à une foule d'accidents. Le mieux est de ménager une place publique plus ou moins vaste et en retraite de l'alignement, au-devant de la porte de sortie.

A l'intérieur des bourgs et des villes, il faut encore éviter d'enclaver les bâtiments scolaires dans les maisons, et, lorsqu'ils ne pourront être entourés de rues, il faudra du moins les isoler des propriétés voisines par un espace minimum de 3 mètres.

L'orientation des bâtiments n'est pas indifférente non plus.

Les classes doivent être de préférence éclairées au nord ou à l'est; les préaux couverts, où les enfants prennent leur repas et leur récréation dans les temps de pluie, doivent l'être au sud ou à l'ouest. Quant aux préaux découverts, leur orientation est moins rigoureuse; néanmoins on les expose le plus souvent au sud ou à l'ouest, comme les préaux couverts.

ÉCOLES RURALES.

Les écoles rurales sont ordinairement réunies à la mairie de la localité et comprises dans le même bâtiment. Quelquefois elles sont annexées à l'église ou au presbytère et rarement elles forment un édifice séparé, parce que les ressources d'une petite commune ne le permettent guère.

Comme spécimen d'école rurale nous avons choisi celle de Dammarie-lès-Lys, près de Melun, qui a été adoptée comme type par le préfet de Seine-et-Marne pour les édifices du même genre et de la même importance. C'est de plus un excellent exemple de ces écoles *mixtes* qu'on rencontre habituellement dans les campagnes, c'est-à-dire où les garçons et les filles sont réunis dans le même local et instruits simultanément par le même instituteur; seulement il est bon de les séparer, comme on le voit sur nos planches, par une cloison de $1^m,20$ à $1^m,30$ de haut, faite à claire-voie ou mieux encore à panneaux pleins

A Dammarie, l'école, tout en ne faisant qu'un avec la mairie, s'en détache cependant d'une manière assez franche pour se trouver dans de meilleures conditions que si elle eût été mise sous le même comble, ce qui a généralement lieu. C'est donc en arrière du bâtiment spécial de la mairie et sur sa face postérieure que s'élève la classe contenant quatre-vingts enfants. On y arrive par le vestibule commun à tous les services, et, comme ce vestibule est public, au fond il s'en trouve un second à double entrée, sorte d'antichambre de la classe où commence dès-lors la séparation dont nous avons parlé.

La salle a dans œuvre $7^m,50$ sur 8 mètres, ce qui donne une surface de $0^m,75$ par individu, surface de peu inférieure, comme nous le verrons, à la moyenne de celle qui leur est affectée dans les écoles récemment construites à Paris, où se font des exercices aux tableaux qui n'ont pas lieu ici. Le plafond, que supporte une colonnette de fonte, se trouve à $3^m,50$ au-dessus du parquet. La capacité de la classe est donc de 210 mètres cubes, soit environ 2,63 mètres cubes d'air par enfant. Dans les nouvelles classes de Paris ce cube est en général plus considérable, mais il ne faut pas perdre de vue qu'au cœur d'une grande ville une école se trouve toujours dans des conditions hygiéniques moins favorables. De plus, éclairée de trois côtés par des fenêtres de $1^m,55$ de haut et dont les moins larges ont 1^m75, l'atmosphère peut au besoin y être renouvelée instantanément. Suivant une règle établie dans la construction des salles de classes, les allèges de ces fenêtres sont fort élevées; ici elles ont $1^m,60$.

Au fond, à droite et à gauche de la chaire, une porte conduit dans les préaux, l'un pour les garçons, l'autre pour les filles. La superficie attribuée à chaque individu dans ces espaces découverts, qui est de $1^m,97$, est de beaucoup supérieure à celle accordée aux enfants de la capitale, où l'on s'est trouvé forcé de la restreindre à cause de la cherté excessive du terrain. Dans l'établissement qui nous occupe, il n'existe pas de préau couvert, et bien que moins utile ici que dans une grande ville, c'est cependant une suppression regrettable; on aurait pu construire, au fond des préaux, au moins un hangar affecté à cet usage.

Pour compléter la description de l'école de Dammarie, nous mentionnerons le logement de l'instituteur, qu'on ne rencontre pas partout aussi vaste et aussi convenable. Il se compose, au rez-de-chaussée, d'une salle, d'une cuisine et d'un cabinet avec une cour spéciale; au premier étage, deux chambres à coucher et un cabinet en forment le complément. De plus, un jardin, dont l'instituteur a la jouissance, se trouve en arrière des préaux.

La construction du bâtiment de la classe est aussi simple que possible. Les murs sont en moellons du pays, hourdés et enduits en plâtre sans aucun luxe architectural, sa couverture est en ardoises, et le tout, c'est-à-dire la mairie et la classe, n'a coûté que 14,103 fr. 20 c., plus 1/20e pour les honoraires de l'architecte.

Les écoles des bourgs ou gros villages tiennent le milieu entre les écoles rurales comme celles dont il vient d'être question et celles urbaines, mais, en raison du nombre plus considérable des élèves, on n'y rencontre relativement que peu d'écoles mixtes. Selon les ressources de la localité, le bâtiment scolaire est, ou incorporé dans la mairie, ce qui se voit encore dans beaucoup de petites villes, ou bien il en est tout à fait distinct alors même qu'il se rattacherait à un ensemble de constructions municipales. Si l'on n'élève qu'un seul bâtiment scolaire renfermant à la fois les deux classes de filles et de garçons, il serait bon qu'il se trouvât sur l'un des côtés d'une place publique et en regard de la mairie. Si l'école est répartie en deux bâtiments, ce qui est toujours préférable, on les mettrait à droite et à gauche de la place dont la mairie occuperait le fond. Ce sont ces deux dispositions qu'on a adoptées pour les communes rurales du département de la Seine, et il nous semble inutile de dire que l'église de la commune figurerait dans un tel ensemble de constructions aussi bien que la mairie, ainsi qu'on peut en juger à l'ancien faubourg de la Gare, compris aujourd'hui dans le treizième arrondissement de Paris.

L'exemple que nous avons choisi de ces écoles formant comme la transition entre celles des simples villages et celles des grandes villes, est tiré aussi d'un ancien faubourg de Paris, le Petit-Montrouge, qui forme, à présent la majeure partie du quatorzième arrondissement de cette ville. Les bâtiments y sont disposés, ainsi que nous l'avons dit en dernier lieu, à droite et à gauche de la mairie et sur les côtés de la place. De ces deux bâtiments, l'un est destiné aux jeunes filles, l'autre aux garçons. La séparation des sexes est donc ici aussi complète que possible, puisqu'une distance de près de 100 mètres sépare les deux écoles, et que la place, fort vaste, a de larges et nombreux débouchés. Les élèves y sont divisés, selon leur âge et leur degré d'avancement, en deux classes qui occupent chacune un bâtiment spécial ayant son préau particulier et des entrées distinctes aussi. Entre ces deux classes se trouve un petit jardin entouré d'un abri ou appentis vitré permettant de communiquer à couvert entre toutes les parties de l'édifice. Les préaux découverts sont séparés par un bâtiment disposé, au rez-de-chaussée, en deux préaux couverts, à l'extrémité desquels sont une loge de concierge *d*, et un parloir *g*, et l'escalier donnant accès au premier étage de ce bâtiment, où se trouve le logement des frères de la Doctrine chrétienne chargés de l'enseignement, car il s'agit ici d'un de ces établissements scolaires désignés dans le langage administratif sous la dénomination d'école congréganiste, par opposition à celles appelées écoles laïques. Ce premier étage renferme une salle commune, une bibliothèque, un oratoire, le logement ou cellule du directeur, deux dortoirs pour trois ou quatre frères chacun, cabinet d'aisances, etc. Le bâtiment qui, de l'autre côté de la place répète celui-là, contient des logements semblablement disposés pour les sœurs qui dirigent l'école des filles.

Les latrines et urinoirs à l'usage des classes se trouvent dans les préaux découverts et adossés au mur de clôture qui leur est opposé. Dans ces préaux les élèves jouissent chacun d'un espace de 1,93 m. sup.

Les préaux couverts ne sont pas fermés et il serait à désirer qu'ils le fussent au moyen d'un vitrage qui pût garantir plus complètement les enfants pendant l'hiver. Ils sont aussi d'une dimension un peu restreinte, l'espace n'y étant que de 0,47 m. sup. par individu. On aurait pu facilement les allonger aux dépens du jardin qui n'a pas une très-grande utilité à cause de ses dimensions exigües.

Chaque classe reçoit 150 élèves, leur superficie étant de 180 mètres, et leur capacité de 923 mètres; chacun y jouit d'un espace de 1m,20 sup. et d'un cube d'air de 6m,15. Ces deux proportions sont également considérables. Les fenêtres étant fort larges, la lumière y est abondante aussi.

Par l'étendue qu'elles occupent, et le nombre des élèves qu'elles reçoivent, les écoles de l'ancien Petit-Montrouge rentreraient plutôt dans la catégorie des écoles urbaines. Si nous les avons choisies comme exemple d'établissement d'un ordre plus modeste, c'est qu'elles peuvent facilement être réduites à de moindres dimensions, et que la disposition de leurs bâtiments conviendrait parfaitement à une école recevant les filles d'un côté, et les garçons de l'autre.

On pourrait, comme nous l'avons dit, allonger les préaux couverts aux dépens du jardin, ou les prolonger jusqu'à la face *cd*; ces préaux n'occuperaient que le rez-de-chaussée et les logements élevés d'un premier étage et même d'un second au besoin seraient, soit en arrière sur la face *cd* s'il y avait de ce côté un accès facile, soit sur celle *ab* et entre les salles de classes.

Dans les bourgs où il n'y a qu'un seul et même établissement pour les enfants des deux sexes, si l'on ne dispose que d'un emplacement beaucoup plus long que large, le meilleur parti à prendre serait de mettre bout à bout la classe des filles et celle des garçons, qu'on fait précéder chacune, et sur le même alignement, de leur préau couvert, de la sorte les entrées se trouvent à chaque extrémité du bâtiment. La disposition contraire, quoique moins bonne, pourrait être adoptée; elle s'obtiendrait en renversant l'ordre des locaux, et en mettant les entrées au milieu de la façade auprès l'une de l'autre. Dans ces deux cas, il n'y aurait pas de préau découvert, ainsi que cela arrive dans un grand nombre de petites localités où leur suppression, quoique fâcheuse, ne présente pas néanmoins autant d'inconvénients qu'à l'intérieur d'une ville populeuse. A défaut d'un emplacement suffisant pour avoir des préaux découverts, la place existant devant le bâtiment scolaire en tient lieu, surtout si elle se trouve tout à fait rejetée en dehors de la circulation.

Le style d'architecture adopté pour les bâtiments scolaires que reproduit la pl. III, est d'un caractère monumental qu'on n'est nullement tenu d'observer, et qu'on peut simplifier. Si une grande économie doit présider aux constructions, on peut de même faire usage pour les façades d'une nature de maçonnerie moins coûteuse que ne l'est celle en pierre de taille et en moellons appareillés.

ÉCOLES URBAINES.

PLAN. — Une école urbaine, soit de filles, soit de garçons, se compose de la salle de classe, d'un préau couvert, d'un parloir pour le directeur ou la directrice, d'un local servant de vestiaire et de dépôt pour les paniers des enfants, de latrines, d'un logement pour le concierge, d'un appartement pour le directeur ou la directrice, d'un préau découvert; parfois une cour éloigne les bâtiments de la rue, et parfois aussi d'autres cours les isolent des maisons voisines. Indépendamment de ces locaux, les asiles de jeunes enfants renferment une salle de bains et une cuisine.

Ainsi qu'on peut facilement s'en rendre compte en jetant les yeux sur nos plans, les divers services d'une école sont disposés d'une manière qui varie en raison de l'étendue et de la configuration du terrain; mais il est de règle de placer toujours le concierge de telle sorte qu'il puisse aisément surveiller l'entrée et la sortie et, en général, le logement du directeur est aussi sur le devant ou non loin de la rue. Dans les établissements scolaires les mieux disposés sous le rapport de l'effet architectural, ce logement occupe une position centrale et constitue le motif milieu de la façade. Il se compose, à peu près partout, d'une salle à manger, d'une cuisine, d'une ou deux chambres à coucher et d'un cabinet d'aisances. Un escalier placé sous l'œil du concierge y conduit exclusivement.

Les différents locaux accessoires dont nous avons parlé accompagnent, ou plutôt précèdent le préau couvert, qui lui-même précède toujours la classe. Le préau découvert est peut-être le seul dont la situation ne soit pas fixe; tantôt il est sur le devant, tantôt sur le côté ou sur le derrière. Cette dernière situation, sans être plus rigoureuse que les autres, est celle qu'on devra toujours préférer quand l'emplacement sera ou assez vaste ou d'une forme qui pourra le permettre.

L'architecte qui dresse un plan d'école complexe, comme le sont fréquemment celles des villes, doit particulièrement porter son attention sur la séparation des sexes, leur donner une entrée particulière et leur ménager à l'intérieur une circulation distincte et commode. L'établissement de Paris le mieux ordonné à cet égard est celui de la rue de Vaugirard pl. XVI et XVII, sur lequel nous aurons à revenir. Au centre du bâtiment antérieur *l*, se trouvent la loge du concierge et l'escalier conduisant aux logements; à gauche de la loge, vestibule pour les garçons qui, suivant le couloir *g*, arrivent à un escalier pl. XVI *a* et *b* desservant seulement le second étage où se trouve leur classe, ainsi que le comble où sont les classes d'adultes; à droite, autre vestibule pour l'entrée des filles qui suivent le couloir *f* pour se rendre à un autre escalier *c* et *d* exclusivement réservé au premier étage, lequel leur est attribué. L'arrivée à l'asile, qui occupe le rez-de-chaussée de l'édifice, se fait par le vestibule des filles, au fond duquel se trouve une porte qu'un abri vitré met en communication avec celle de l'asile percée sur l'axe de la façade. Une porte semblable se trouve au fond du vestibule des garçons, mais reste habituellement fermée, parce qu'il vaut mieux, à défaut d'une arrivée spécialement à leur usage, faire passer les petits enfants et leurs parents avec les jeunes filles toujours moins turbulentes que les garçons. Il en est ainsi dans la plupart des écoles complexes de la capitale et notamment à celle de la rue Keller, pl. XI.

On cherchera autant que possible à éloigner les classes de la rue, dont le bruit troublerait l'attention des élèves et fatiguerait les instituteurs. On les en isolera, soit par les logements, comme pl. XXI, fig. 2, soit par une cour, par le préau découvert (fig. 1 et 2) ou au moins par celui couvert, comme le serait par exemple l'établissement pl. XVI et XVII s'il n'y existait ni cour ni logement en avant. Les classes et préaux couverts placés bout à bout comme pl. XXI fig. 2, sont beaucoup plus commodes pour le service, ont quelque chose de plus rationnel et cette disposition permet plus fréquemment que toute autre d'éclairer ces locaux par des fenêtres percées à l'opposé les unes des autres, qui y répartissent également la lumière et rendent le renouvellement de l'air prompt et facile. Ceux accouplés, pl. XVI et XVII, et pl. XXI, fig. 1, sont moins commodes; ceux situés à un étage différent, pl. IV, XI et XII, le sont moins encore. Ce sont là, hâtons-nous de le dire, des défauts qui n'ont qu'une importance relative, et qu'on n'est pas toujours maître d'éviter.

Une description succincte de ceux des bâtiments scolaires de Paris que nos planches reproduisent, nous permettra de compléter ce qui précède relativement au plan et à la distribution de ce genre d'édifices.

Pour arriver à l'étude complète du sujet qui nous occupe, en indiquant ce que ces établissements ont de bien conçu, nous ne pourrons nous dispenser de signaler en même temps les points sur lesquels ils laisseraient à désirer, prévenant le lecteur que leurs imperfections, toujours peu importantes, sont moins le fait de l'architecte que des conditions souvent très-défavorables dans lesquelles il s'est trouvé placé.

Nous avons à examiner ici: 1° une école de garçons, rue Saint-Hyppolite; 2° une école de filles avec asile, rue Parmentier; 3° une école de filles, de garçons et un asile, rue Keller; 4° une école de filles, de garçons, d'adultes et un asile, rue de Vaugirard; 5° quatre plans gravés à la même échelle et formant une sorte de parallèle.

L'école de garçons de la rue Saint-Hyppolite occupe un terrain allongé dans le sens de la profondeur. Le bâtiment s'élève en façade sur la rue; dans le préau découvert situé en arrière existe une petite construction en briques renfermant les cabinets d'aisances.

L'édifice a deux étages: au rez-de-chaussée se trouve le préau couvert, au premier étage la classe divisée après coup par des cloisons provisoires en planches que nous avons supprimées.

Comme cet établissement est insuffisant pour un quartier aussi populeux que celui auquel il est affecté, l'administration, en attendant la construction d'un bâtiment supplémentaire, a entassé dans celui-ci les élèves qui s'y trouvent assez gênés. Non-seulement on a placé 280 garçons dans la classe, au lieu de 200, sa contenance normale, mais encore le préau couvert lui-même, a été converti en classe, de sorte que dans l'état actuel des choses, cet établissement contient plus du double du personnel prévu par l'architecte, et manque de préau couvert.

En ramenant cette école au chiffre de 200 élèves, en vue duquel elle a été construite, on obtient les éléments individuels suivants. — Préau couvert : surface, 190 m. sup., unité (ou répartition par individu), 0,95 m. sup.; capacité 1 102 m. c., unité 5,51 m. c. d'air. Classe : surface, depuis le fond jusqu'à la chaire, 260 m. sup., unité 1,30 m. sup.; capacité, également jusqu'à la chaire, 1 170 m. c., unité 5,85 m. c. d'air. Ces chiffres mettent cet établissement dans de très-bonnes conditions hygiéniques.

Le terrain consacré à cette école était excessivement ingrat pour un établissement de ce genre et, surtout, de cette importance.

La communauté des Sœurs de Saint-Vincent-de-Paul se trouve répartie, à Paris, en divers bâtiments disséminés dans tous les quartiers et renfermant en même temps ce qu'on désigne sous le nom de Maison de Secours. Souvent il s'y trouve joint une école de filles et quelquefois aussi un asile pour les jeunes enfants. Tel est le cas que nous avons à examiner à présent (pl. VIII, IX et X).

Un bâtiment en bordure de la voie publique, une cour de service, un jardin, un autre bâtiment pour les classes, et enfin des préaux découverts, se succèdent selon la profondeur du terrain. Le bâtiment sur la rue a trois étages, celui du fond deux seulement. Le premier renferme, au rez-de-chaussée, le service de secours et, dans le surplus, la petite communauté; le second mérite de notre part un examen spécial.

A ce bâtiment du fond où se trouvent l'asile et l'école, on arrive par une entrée particulière et en suivant un passage couvert clos par une barrière à claire voie. L'entrée de l'asile est en *a* et celle de l'école de filles à l'extrémité est en *f*.

Le préau couvert de l'asile, dans lequel on arrive tout d'abord, a une forme presque carrée. Au fond, à gauche dépôt, à droite salle de bains et cuisine séparés par le passage conduisant à la classe, de forme à peu près carrée aussi. On a soutenu chaque poutre du plancher par deux minces colonnes en fonte, au lieu d'une seule, plus forte, parce qu'une colonne sur l'axe gêne toujours la circulation et qu'elle coupe la vue du tableau noir. Cette classe reçoit 160 petits enfants.

Ces deux salles mises ainsi bout à bout, sont très-bien disposées pour la commodité du service, pour l'éclairage et pour la ventilation. La sortie au préau découvert se fait par la porte opposée à celle d'entrée. Les cabinets d'aisances sont situés dans ce préau et on y arrive à l'abri d'un auvent.

Dans cet asile, la répartition individuelle de l'espace se fait ainsi. — Préau couvert : surface, 107 m. sup., unité 0,67 m. sup.; capacité 482 m. c., unité 3,00 m. c. d'air. Classe : surface 112 m. sup., unité 0,70 m. sup.; capacité 504 m. c., unité 3,15 m. c.

L'école de filles n'a plus à présent qu'un préau couvert insuffisant par la même raison que pour l'école de la rue Saint-Hippolyte; cette école bâtie pour 160 jeunes filles, en contient par le fait 230. Nous comprendrons donc dans le préau couvert la place qu'occupe la première des trois classes figurées sur notre plan, et nous aurons, pour le chiffre réduit de 160 élèves, la répartition suivante. — Préau couvert : surface 140 m. sup., unité 0,88 m. sup.; capacité 606 m. c., unité 3,78 m. c. d'air. Classes : mêmes quantités.

Les chiffres qui précèdent sont un peu faibles, surtout en ce qui concerne l'asile, mais l'agencement du plan est très-bon et les classes se trouvent bien garanties du bruit de la rue. Les latrines pour les filles se trouvent dans leur préau découvert et on y arrive à l'abri comme à celles de l'asile.

Un établissement scolaire plus vaste et plus complet que ceux que nous venons d'étudier, est celui de la rue Keller. Il renferme au rez-de-chaussée un asile avec ses dépendances, les préaux couverts et découverts d'une école de filles et d'une école de garçons; les classes de l'une et de l'autre occupent le premier étage des deux bâtiments principaux, situés à droite et à gauche perpendiculairement à la rue. Entre ces deux bâtiments se trouvent le concierge, les deux vestibules d'entrée et au-dessus deux étages de logements pour les directeur et directrice. Le vestibule de droite est commun à l'asile et à l'école des filles; les garçons ont le leur de l'autre côté de la loge.

L'asile reçoit 200 enfants. Son dépôt de paniers et ses bains qu'on trouve à droite et à gauche de son entrée sont insuffisants, mal éclairés et mal ventilés. Le préau couvert et la classe pourraient eux-mêmes l'être mieux aussi. Le préau découvert, situé en arrière, est d'une dimension insuffisante. La répartition de l'espace s'y fait ainsi : — Préau couvert : surface 105 m. sup., unité 0,52 m. sup.; capacité 535 m. c., unité 2,67. Classe : surface 129 m. sup., unité 0,64 m. sup.; capacité 640 m. c., unité 3,20 m. c. Ces proportions sont faibles, surtout à l'égard du préau couvert.

Les deux écoles sont d'une inégale profondeur et, à cela près, elles sont identiques. Leur préau couvert communique avec celui découvert par deux portes. A leur extrémité se trouvent des latrines et urinoirs mis en communication à la fois avec l'intérieur et l'extérieur; cette disposition est très-commode, mais il s'ensuit que la ventilation ne se fait pas d'une manière parfaite et qu'il pénètre toujours de l'odeur dans le préau couvert. A l'extrémité des bâtiments, couloir pour le service du préau de l'asile.

Après avoir franchi un beau et large escalier, très-bien placé, d'un caractère monumental et qui se divise en deux rampes, on arrive aux salles de classe par deux entrées correspondant aux rampes de l'escalier.

Pour les garçons, première classe de 160 élèves; autre, au fond, de 80; total de 240 garçons.

Pour les filles, première classe de 120 élèves; autre, au fond, de 80; total de 200 filles.

Ces salles, comme on peut le voir, sont bien éclairées, puisqu'elles sont percées de fenêtres sur trois côtés. L'espace s'y trouve également bien réparti. Ainsi, on a pour les garçons, préau couvert : surface 207 m. sup., unité 0,86 m. sup.; capacité 1056 m. c., unité 4,40 m. c. Classe, surface idem; capacité 931 m. c., unité 3,88 m. c. Pour les filles, préau couvert : surface 173 m. sup., unité 0,86 m. sup.; capacité 900 m. c., unité 4,50 m. c. Classe : surface idem; capacité 778 m. c, unité 3,89 m. c. On remarquera que ces chiffres sont les mêmes pour les filles que pour les garçons.

Aux écoles de la rue de Vaugirard nous trouvons, en avant, un bâtiment d'entrée *l*, renfermant les vestibules, le concierge et les logements; puis une cour d'isolement dans laquelle ont été réservés les passages particuliers de chaque école, passages dont nous avons parlé plus haut en indiquant de quelle manière la circulation se faisait dans cet établissement. Ensuite vient le bâtiment principal *a* renfermant au rez-de-chaussée l'asile pour les petits enfants, au premier, l'école des filles, au second celle des garçons, dans le comble les classes d'adultes qui ne sont guère fréquentées que le soir.

Sur le côté gauche, en *p g*, préau découvert pour les garçons. En arrière et en *p a*, préau découvert de l'asile; en *p f*, même préau pour les filles. Les lettres *u* y indiquent les urinoirs, *x* les cabinets d'aisances, *z* les cabinets réservés aux surveillants et surveillantes

Au rez-de-chaussée, on entre de suite dans le préau couvert de l'asile en traversant un tambour *t*. A gauche, sous l'escalier de l'école des garçons, se trouve le dépôt des paniers et le vestiaire; à droite les urinoirs et cabinets d'aisances ainsi qu'un petit parloir ayant une sortie sur le corridor des filles; les bains et cuisines se trouvent du même côté, mais en arrière. La classe et le préau couvert sont accouplés, de sorte qu'ils ne sont éclairés et aérés que d'un seul côté, bien qu'il existe des châssis ouvrants à la partie supérieure du mur qui les sépare.

Au premier étage, en *f*, escalier spécial des filles, et en *g*, escalier des garçons. On entre dans le préau couvert par la porte *e*; au fond se trouve le dépôt vestiaire; à gauche, entre la cour et l'escalier, cabinets d'aisances assez bien ventilés, quoique situés intérieurement. La classe est accouplée avec ce préau de même qu'à l'étage inférieur, seulement elle a plus de longueur, ses extrémités s'étendant jusqu'aux murs latéraux du bâtiment.

Le second étage est exactement semblable, excepté que la porte *e* y est remplacée par celle *h* qui n'existe pas au premier. A ce second étage il y a une sortie particulière sur l'escalier des filles : cette sortie n'est pas d'une absolue nécessité.

L'étage de comble est divisé, au moyen de cloisons fixes, en cinq chambres ou salles, situées à droite et à gauche d'un couloir central, et dans lesquelles se donnent les leçons ou se font les exercices à l'usage d'individus adultes; on y arrive par l'escalier des garçons. Ces classes n'ont pas de préau couvert; ce local leur serait entièrement superflu. Des latrines se trouvent à l'extrémité de ce couloir.

Voici quelle est la répartition individuelle dans l'établissement scolaire de la rue de Vaugirard. — Asile : 200 enfants. — Préau couvert : surface 154 m. sup., unité 0,77 m. sup.; capacité 693 m. c., unité 3,40 m. c. Classe : surface *idem;* capacité *idem.* — École de filles : 200 élèves. — Préau couvert : surface 154 m. sup., unité 0,77 m. sup. (comme pour l'asile); capacité 616 m. c., unité 3,08 m. c. Classe : surface jusqu'au devant de la chaire 188 m. sup., unité 0,94 m. sup.; capacité 752 m. c., unité 3,76 m. c. — École de garçons : 200 élèves. — *Idem* à celle des filles. — Classes d'adultes : 240 individus. — Surface 320 m. sup., unité 1,33 m. sup.; capacité 1152 m. c., unité 4,80 m. c. Destinées à des hommes, la proportion individuelle pour ces classes est nécessairement plus considérable, tant en surface qu'en volume; il ne faut pas non plus perdre de vue que les lampes qui les éclairent pendant le temps des leçons contribuent encore à vicier l'air.

Sur la pl. XXI, nous avons réuni quatre plans de bâtiments scolaires qui diffèrent sous plusieurs rapports de ceux que nous venons d'examiner. Ils sont imités d'asiles existants à Paris, mais comme les dispositions générales et les conditions principales qui régissent ces sortes d'écoles sont les mêmes que pour les écoles destinées à des enfants plus âgés, celles reconnues les plus convenables pour les unes deviennent également applicables aux autres, sauf des modifications de détail. Tous ces établissements sont supposés n'avoir qu'un rez-de-chaussée avec premier étage seulement pour les logements dont nous indiquerons la situation.

Dans le plan, fig. 1, le préau découvert se trouve en avant avec une entrée à voitures pour les besoins du service. Sur l'un des côtés, logement du concierge *b*, suivi d'un hangar *f* à l'usage de bûcher, magasin, etc. Au long de cette aile se trouve un abri couvert *m* qui, de l'entrée des élèves *a*, se poursuit au devant du bâtiment du fond jusques et y compris les latrines situées à l'opposé du hangar. En *a'*, entrée des classes ayant à gauche le dépôt des paniers *c*, à droite la cuisine et les bains *d*; plus à droite encore, en *e*, l'escalier du logement suivi d'un cabinet d'aisances pour le concierge et d'une petite pièce de passage. Le logement occupe un premier étage élevé de l'un à l'autre desmurs mitoyens et au-dessus des locaux *c*, *a'*, *d* et *e*. En arrière, préau couvert et classe accouplés recevant l'air et la lumière par deux cours d'isolement de 4,00 de large dans lesquelles on pénètre seulement par le dépôt des paniers et la petite pièce à la suite du cabinet du concierge. La distribution de ce plan présente de très-grands avantages; tous les locaux s'y trouvent placés dans d'excellentes conditions; seulement l'accouplement des classe et préau couvert, sans être une disposition réellement défectueuse, n'est pas la meilleure de toutes; de plus, les cours d'isolement, à moins qu'elles ne soient fort larges, n'éclairent pas toujours les classes d'une manière parfaite.

Le plan n° 2 offre une distribution toute différente. En bordure de la rue se trouvent, avec l'entrée des élèves *a* et un passage à voitures, le logement du concierge *b*, le magasin *f* et l'escalier *e* conduisant au logement formant le premier étage de ce bâtiment avancé. Vient ensuite le préau découvert où se trouvent les cabinets d'aisances et où règne un abri *m* disposé dans le genre de celui de la fig. 1. Au fond, se présente l'entrée des classes *a'*, ayant à droite et à gauche le dépot vestiaire *c* et les bains *d*. Ces deux derniers locaux donnent directement dans le préau couvert qui vient ensuite, ce qui vaut mieux que d'y arriver par le vestibule d'entrée, comme cela a lieu dans l'exemple précédent. Le préau couvert et la classe sont placés bout à bout, disposition commandée par la forme du terrain qui a peu de largeur sur une grande profondeur. Une cour d'isolement de 3^{m},50 de large éclaire le préau couvert et en grande partie la classe; cette cour deviendrait insuffisante si le propriétaire voisin venait à bâtir et à exhausser le mur mitoyen qui leur fait face. Quoi qu'il en soit, on a tiré un aussi bon parti que possible de ce terrain qui n'était pas avantageux.

Dans l'exemple n° 3, dont le terrain, peu profond au contraire, se présente en largeur, tous les locaux sont en façade. La classe et le préau couvert sont à la fois accouplés et bout à bout; ils sont éclairés en même temps sur la rue et sur un jardin dépendant de la petite communauté à laquelle se rattache cet établissement scolaire. Un petit logement pourrait former un premier étage au-dessus de l'entrée *a*, de la loge de concierge *b*, du dépôt *c* et des latrines. Ici le défaut d'espace a fait supprimer la salle des bains, ce qui est à regretter; pour la même raison le dépôt vestiaire a des proportions trop réduites. Dans le préau découvert un abri *m* relie l'école au bâtiment de la congrégation. Malgré le peu d'étendue et la forme ingrate du terrain, malgré les quelques défauts qui en résultent, cette école passe pour satisfaire convenablement aux conditions principales du service de l'enseignement primaire.

Un établissement scolaire encore mieux distribué que les précédents est celui dont nous donnons le plan fig. 4. L'emplacement qu'il occupe est rectangulaire et dans les meilleures proportions de largeur et de profondeur. Un bâtiment isolé à droite et à gauche par des passages, s'élève sur la rue. Le couloir d'entrée *a* conduit dans une galerie vitrée, située sur la face postérieure du bâtiment et qui relie la classe avec le préau couvert. Ces deux dernières salles, situées à chacune des extrémités, sont percées de fenêtres sur trois côtés, avantage qu'on ne peut pas toujours obtenir. A droite et à gauche du couloir d'entrée, comme dans deux des plans précédents, se trouvent la loge *b*, avec un cabinet d'aisances spécial, un magasin *f*, les bains *d*, deux dépôts vestiaires *c* et l'escalier conduisant au logement qui occupe un premier étage élevé au centre de l'édifice entre le préau couvert, la classe et la galerie *g*. Les lieux d'aisances, protégés par un abri, sont dans le préau découvert dont ils occupent l'un des côtés. — Dans cet établissement les bains et l'escalier sont éclairés d'une manière insuffisante par des chassis ménagés dans les cloisons qui les séparent des autres pièces; on pourrait remédier à cet inconvénient en tirant d'autres jours sur le préau couvert et sur la classe.

Sous le rapport de la répartition individuelle à faire de l'étendue horizontale et du volume intérieur, ces quatre établissements rentrent à cet égard dans les conditions les plus favorables. Cette répartition, déduite des asiles et écoles de Paris récemment construits, est en moyenne de : — Asiles : — Classe : surface 0,70 m. sup., cube d'air 3,00 m. c. Préau couvert : surface 0,60 m. sup., cube d'air 2,65 m. c. — Écoles de filles. — Classe : surface 0,85 m. sup., cube d'air 3,75 m. c. Préau couvert : surface 0,80 m. sup., cube d'air 3,40 m. c. — Écoles de garçons. — La répartition individuelle pour les garçons est ordinairement la même que pour les filles, mais il conviendrait d'en augmenter légèrement les chiffres. Il serait même bon, quand on n'est pas gêné par l'emplacement, d'ajouter aux quantités ci-dessus un dixième pour les petits enfants et pour les filles et un huitième pour les garçons. Pour les préaux découverts il faut, en surface, au moins 1,50 m. sup. par individu.

Nous nous sommes longuement étendu sur les conditions ichnographiques des bâtiments d'écoles parce que si, en fait d'architecture, le plan est la donnée essentielle, fondamentale, celle qui régit toutes les autres et dont dépend le vrai mérite de l'œuvre, c'est bien lorsqu'il s'agit d'édifices tels que ceux qui nous occupent; ce n'est pas qu'il y ait lieu d'en négliger les élévations, comme on le verra, mais l'étude de ces dernières ne vient jamais qu'en seconde ligne.

Reprenant l'une après l'autre chacune des parties constitutives des établissements scolaires, nous ajouterons à leur égard quelques détails qui n'ont pu trouver leur place dans l'aperçu que nous venons de donner de leurs dispositions relatives.

Préau découvert. — Toutes les fois que l'étendue et la configuration de l'emplacement permettront de le faire, on devra donner à ces préaux une forme rectangulaire et en longueur une fois et demie à deux fois leur largeur. Ils peuvent indifféremment se présenter transversalement, comme dans l'exemple pl. XXI fig. 4 ou en profondeur, comme dans ceux pl. VIII et XVI.

L'aire des préaux découverts doit être bien battue et sablée; quoique tenue de niveau, il faut y procurer un écoulement facile aux eaux pluviales. On y plante une, deux ou trois rangées d'arbres qui y jettent un peu d'ombrage. Des bancs fixes en pierre ou en bois, sont disposés au long des bâtiments et des murs de clôture; on peut y mettre aussi quelques bancs mobiles

Préau couvert. — Ainsi qu'on l'a vu, le préau couvert est en communication directe avec le préau découvert et la classe; en raison de l'usage auquel il est affecté, il doit précéder cette dernière. Des rangées de bancs, les uns isolés, les autres adossés aux murs, en composent l'ameublement; dans les asiles on y met en outre le lavabo, pl. XVI en *l*, sorte de meuble qui sert à la toilette des enfants et à divers autres usages.

Le sol des préaux couverts est parqueté en frises de chêne posées à l'anglaise et tous les murs en sont lambrissés jusqu'à 1,30 au moins de hauteur; le surplus est peint à la chaux ou à l'huile. Dans les établissements où ce local sert en même temps de vestiaire et de dépôt de paniers, il y a au pourtour des murs des barres à porte-manteaux et des planches disposées pour recevoir les paniers. On devrait éviter de le faire servir à cet usage à cause des émanations que répandent toujours les aliments qui eux-mêmes s'y conservent mal.

Les préaux couverts doivent, en principe, avoir autant d'étendue que la classe et il serait même bon de leur en donner davantage afin que les enfants aient plus de liberté dans leurs mouvements lors des récréations. Cependant, si dans plusieurs le préau est moins vaste que la classe, cela n'a pas toujours un grand inconvénient attendu qu'un certain nombre d'enfants s'absentent pendant le repas, mais il ne faudrait pas néanmoins en abaisser les dimensions au-dessous de 7/10 de la classe. Il faut encore considérer qu'il se produit moins de ces absences parmi les filles que parmi les garçons et presque pas parmi les petits enfants des asiles, d'où il s'ensuit, en admettant qu'on puisse réduire les préaux couverts, qu'il faudrait les réduire moins pour les filles que pour les garçons et pas du tout pour l'asile.

Classe. — La classe est le local le plus retiré d'une école ; commandée par les autres, on n'y arrive pas directement lors même qu'elle s'ouvrirait sur le préau découvert.

Quand la classe et le préau couvert ne sont pas au même étage, comme dans les exemples pl. IV à VII et pl. XI à XV, c'est la classe qu'on place à l'étage supérieur. Comme il convient de donner moins de fatigue relative aux enfants selon leur âge et leur constitution, dans les établissements complexes on dispose les garçons au-dessus des filles et celles-ci au-dessus de l'asile, de sorte que ce dernier occupe toujours un rez-de-chaussée. (Pl. VIII à X et XVI à XX).

Les classes devant recevoir une grande lumière ainsi qu'une prompte et active ventilation, on en perce les murs de fenêtres dont le linteau ne descend pas à plus de $0^m,15$ à $0^m,20$ au-dessous du plafond et dont les allèges ont de $1^m,60$ à $1^m,90$ de haut. Ces ouvertures étant ainsi disposées, les enfants ne peuvent voir au-dehors, et ne sont pas directement atteints lorsqu'on renouvelle l'atmosphère de la salle. Les fenêtres sont closes par des châssis en menuiserie, dont on trouvera détaillé sur la pl. XXII le modèle le plus généralement usité.

On détermine aisément la superficie d'une classe en multipliant l'unité individuelle de surface par le nombre d'enfants qu'on se propose d'y admettre et la capacité intérieure, en multipliant le cube d'air individuel par le nombre des individus supposés. La hauteur sous plafond s'obtient de même en divisant la capacité de la salle par le chiffre exprimant sa surface générale. Ainsi, supposons une classe destinée à 100 élèves devant y jouir chacun de 0,85 m. sup. et de 3,75 m. c. d'air. Multipliant 0,85 unité de surface par 100, nombre d'élèves, on aura 85 m. pour la surface ou l'aire de la salle. Multipliant 3,75 unité du cube d'air par 100 nombre d'élèves, ce qui donne 375 m. c. pour la capacité intérieure et divisant 375 (capacité) par 85 (surface de la salle), on aura $4^m,41$ pour la hauteur sous plafond. Telle est, en effet, la moyenne de hauteur que donne ce calcul appliqué aux classes des nouveaux établissements scolaires de Paris. En plan, la meilleure proportion à donner aux classes est 2×3.

Lorsque les classes ont plus de $7^m,00$ de largeur, surtout si un autre étage s'élève au-dessus, on en pose le plancher supérieur sur des poutres parallèles, portant d'un mur à l'autre et soutenues par des colonnettes de fonte. Ces colonnes mises sur l'axe ayant ordinairement l'inconvénient de couper la vue de la chaire ou du tableau noir, il vaut mieux employer deux colonnes qu'on peut alors choisir d'un diamètre moindre. Le plafond est le genre de couverture qui convient le mieux aux classes : une voûte, comme dans l'exemple pl. VI et VII pouvant absorber ou répercuter les sons.

Les bancs, lesquels se relient à des tables à écrire, sont rangés parallèlement ; la chaire se trouve à l'extrémité de la salle et proche de la porte.

Il faut réserver la place nécessaire aux cercles ou groupes qui se réunissent autour des moniteurs. C'est ordinairement devant les allèges des fenêtres que se disposent ces cercles dont la forme et la dimension sont indiquées sur le plancher au moyen d'une bande de fer incrustée dans le parquet ou de gros clous à tête ronde mais peu saillante.

Dans les classes d'asiles le gradin occupe toujours le fond de la salle ; ce gradin généralement à degrés droits, comme on le voit sur nos plans généraux et, en plus grand, sur la pl. XXIII, est quelquefois disposé sur un plan brisé ou polygone pour faire converger les regards des enfants. Dans ces classes spéciales, les bancs, dont la forme est indiquée au bas de la même planche, sont au contraire disposés à leur extrémité sur un plan polygone ou à pans, pl. XVI, bien plus souvent que par rangées tout à fait droites.

Les classes sont parquetées, lambrissées et peintes comme les préaux couverts. Au-dessus du lambris règnent des barres pour accrocher les exemples et les ardoises. Les murs sont couverts de tableaux, d'exemples peints, de figures géométriques et autres dessins.

A l'égard des autres locaux, composant les établissements scolaires, nous n'avons de détails complémentaires à donner que sur les latrines et urinoirs.

Latrines. — Nous avons vu que les cabinets d'aisances étaient tantôt à l'intérieur, tantôt à l'extérieur. Dans les établissements bien complets l'un et l'autre de ces deux cas se présente ; ceux intérieurs sont à l'usage de la classe et du préau couvert, ceux extérieurs pour le temps de la récréation dans le préau découvert. Quand les urinoirs et cabinets d'aisances sont établis intérieurement, il est indispensable qu'ils soient contigüs au préau découvert.

Les latrines à l'intérieur doivent être placées dans un lieu retiré, frais, d'une ventilation facile et auquel on ne puisse arriver que par le préau couvert ou le vestibule d'entrée. A l'extérieur, il faut les appliquer sur le mur du préau découvert exposé au nord ou le plus près du nord, afin qu'ils soient à l'abri du soleil. Dans les écoles mixtes et dans les asiles il faut séparer complétement les cabinets des filles de ceux des garçons et leur donner une porte et une arrivée différentes. Celui réservé à l'instituteur ou à la directrice se trouvera alors bien placé entre les deux classes de cabinets. Il en faut aussi un spécial à l'usage du concierge. Nous avons indiqué sur la pl. XXI plusieurs des dispositions de cabinets d'aisances qui répondent le mieux aux exigences du service. Ils peuvent former une petite construction isolée en briques de couleurs différentes, mêlées de bois apparents et couverte de tuiles Courtois, Muller ou autres du même genre. On trouvera, sur la pl XVI, un autre exemple de cabinets pour un asile : en *m* ceux pour les petits garçons avec urinoirs, en *a* ceux des petites filles, et en *z* celui des surveillantes.

Chaque cabinet, pourvu d'un appareil à bascule, peut avoir un siége avec cuvette en faïence ou en fonte émaillée lorsqu'ils sont destinés aux filles et aux garçons; ceux des asiles n'ont pas de siége et la lunette est au niveau du sol.

La ventilation des cabinets se fait par le moyen de l'air extérieur qui y circule et par l'évent de la fosse. Si elle était insuffisante il serait facile de la rendre complète au moyen d'un appel

En général, il faut au moins un cabinet par vingt élèves dans les écoles de filles; dans celles de garçons, comme il y a des urinoirs, on peut en mettre relativement un peu moins.

Les urinoirs, placés dans les mêmes conditions que les cabinets d'aisances, sont construits en bois revêtu de zinc, en ciment, en dalles de lave émaillée ou en plaques d'ardoises compacte.

Le sol de ces locaux et de leurs abords doit être bitumé avec un écoulement facile des liquides; les parois des cabinets revêtues de ciment anglais ou de carreaux de faïence afin qu'elles puissent être fréquemment lavées.

Chauffage et ventilation. — A Paris, le chauffage des classes et des préaux couverts se fait avec des poêles. On a cherché à débarrasser ces salles de ces appareils gênants et à les remplacer par un calorifère, mais on a reconnu qu'avec eux le chauffage était plus régulier et le service plus commode. D'ailleurs, dans le petit nombre d'établissements scolaires où il existe un calorifère, on a dû conserver, comme supplément, des poêles qu'on allume au moins pendant les grands froids.

Indépendamment de la ventilation qu'on peut obtenir par l'ouverture de quelques-uns ou de la totalité des châssis de fenêtres, il y a, dans la plupart des écoles de Paris, une ventilation permanente qui se fait par aspiration et qui fonctionne, soit par le moyen des poêles, soit à l'aide d'un appel assez puissant.

Ce qui précède renferme les données nécessaires à la rédaction des projets d'écoles et, tout en faisant porter notre examen sur les édifices les mieux agencés, nous avons eu le soin, pour mieux répondre au but que nous nous sommes proposé, de choisir en même temps des exemples tous variés, offrant toutes les dispositions ichnographiques et orthographiques, et s'appliquant à tous les cas qui pourraient se présenter dans l'exécution. C'est ainsi que nous avons des plans distribués sur des emplacements isolés ou enclavés entre des maisons, réguliers ou irréguliers, les uns à peu près aussi longs que larges, les autres étroits; que parmi ces derniers les uns se présentent en façade, les autres en profondeur. C'est encore pour la même raison que nous avons des écoles simples et d'autres plus ou moins complexes, dont les diverses parties sont tantôt de plain pied et tantôt superposées ou bien encore à la fois de plain pied et superposées. Il est, dans nos exemples, beaucoup d'autres dissemblances sur lesquelles il serait oiseux d'appeler l'attention et qui n'échapperont sans doute pas à quiconque étudiera et comparera nos planches.

S'il devenait difficile d'offrir une telle variété de plans sans en chercher en dehors des bons modèles à suivre, il l'était encore plus d'y joindre en même temps, et sans faire de double emploi, la variété dans les dispositions orthographiques comme dans le style de l'architecture. C'est cependant ce que nous croyons être parvenu à obtenir.

ÉLÉVATION. — La simplicité et une certaine austérité, une sobriété d'ornements qui n'exclut pas la beauté ni l'harmonie des lignes architecturales, conviennent avant tout à un batiment scolaire.

On doit sur les façades de ces édifices ouvrir le plus grand nombre possible de jours, en faire le motif principal et en accuser les allèges qui ont ici une importance réelle. Ces fenêtres peuvent être à linteau droit ou cintré, bien que cette dernière forme soit moins facile à appliquer judicieusement et ait moins de caractère que la première.

Quand on voudra appliquer les ordres d'architecture aux façades, il faudra préférer le dorique à tout autre et encore sera-t-il bon de le simplifier et d'imiter celui dont les Grecs firent usage à l'époque où leur architecture avait acquis toute sa souplesse sans avoir encore perdu sa beauté. Un excellent parti à prendre est de ne faire usage d'aucun ordre comme sur les élévations pl. XXIII, lesquelles conviendraient parfaitement à une école rurale, et dont on pourrait, modifier le comble selon qu'il est indiqué par des lignes ponctuées au côté droit de ces deux figures.

On a fait aussi diverses tentatives pour adapter le style gothique aux batiments scolaires et notre pl. V, fournit un exemple qui s'en rapproche beaucoup. On remarquera, du reste, que si nous avons cherché à varier les plans que nous publions dans cet ouvrage, nous n'avons pas apporté moins de soins à varier de même le style des façades dont aucune ne se ressemble et qui résument ce qui s'est fait de mieux à cet égard.

AMEUBLEMENT. — Le mobilier des bâtiments scolaires, dont nous avons déjà dit quelques mots dans le cours de nos précédentes études, se compose de bancs de diverses formes, les uns simples ou doubles, qu'on place dans les préaux couverts, les autres avec ou sans tables à écrire, garnissent les salles d'écoles de filles ou de garçons. D'autres bancs particuliers aux asiles, sont représentés sur la pl. XXIII.

Parmi ces derniers il faut surtout remarquer les bancs à stalles qui servent à placer les enfants extrêmement jeunes, ceux qui sont fatigués, trop dissipés, ou que, pour tout autre motif, la directrice veut isoler et avoir constamment sous les yeux. Ces bancs sont souvent montés sur roulettes ou galets, mais cet accessoire assez superflu leur donnant une mobilité trop grande, ce qui n'est pas sans inconvénient, nous avons choisi pour modèle des bancs à stalles qui en sont dépourvus.

Les autres meubles sont les chaires, tableaux noirs, porte-exemples, bouliers-compteurs, compendiums, etc. Mais de tous, celui qui doit plus spécialement attirer notre attention à cause de ses dimensions, de son importance et de l'influence qu'il exerce sur le local où il se trouve, c'est le gradin des asiles. Ce grand meuble, d'ailleurs, est fixe, tient à la construction et est toujours exécuté en même temps que les bâtiments et par les soins de l'architecte.

Le gradin, dont la pl. XXIII donne le plan, l'élévation et la coupe, sert à réunir les enfants d'un asile pendant les exercices d'ensemble, et tous doivent pouvoir y prendre place. On les range, les petits garçons d'un côté, les petites filles de l'autre côté, d'un espace ou passage de 0m60 de large ménagé au centre du gradin et indiqué sur le plan par des lignes doubles; deux autres espaces de chacun 0m40 seulement de large existent à chaque extrémité des degrés et servent de dégagement latéral. Ces passages sont tracés sur le gradin ordinairement au moyen d'une bande de peinture noire de 4 à 5 centimètres de large, à l'exclusion de tout autre mode plus apparent, car il faut éviter, sous les pas d'aussi jeunes enfants, toute saillie capable de les faire trébucher. Cependant, comme cette peinture s'use et se salit promptement, il serait préférable de la remplacer par des bandes de fer incrustées à fleur du bois.

Le nombre de degrés d'un gradin dépend de la largeur de la salle et du nombre des enfants. Le maximum adopté par le comité de Paris est de dix degrés de 8 mètres de développement, ce qui, à raison de 0m29 à 0m30 de large par enfant, fournit la place de 220 élèves. Cette largeur de 0m29 à 0m30, qui n'est d'ailleurs qu'une moyenne, est la mesure réglementaire pour la ville de Paris; elle nous semble un peu insuffisante et pourrait être portée à 0m32, chiffre que nous adoptons ici. Si minime que paraisse cette augmentation, elle exercerait une grande influence sur la tenue et la santé des enfants.

Quand une salle d'asile n'a pas plus de 8 mètres de large, le gradin s'appuie sur les murs latéraux au lieu de s'appuyer sur des lambris isolés. Si elle a moins de 8 mètres, comme le nombre de dix gradins ne saurait être dépassé sans quelque inconvénient, il faut forcément réduire le nombre des élèves.

Les enfants plus âgés se plaçant en haut du gradin et les plus jeunes en bas, la hauteur des degrés va en croissant, en même temps que leur giron ou l'assiette des enfants s'accroît dans la même proportion. Les chiffres marqués sur notre planche sont ceux admis pour les asiles de Paris mais légèrement modifiés.

La construction de ces gradins nous semble assez clairement exprimée par la gravure pour qu'il devienne utile d'en parler. Il suffira donc de dire que tout le gradin est en sapin et les lambris tout en chêne ou bien en chêne à panneaux de sapin. Les doubles lignes ponctuées qu'on voit sur le plan et sur l'élévation indiquent la place des crémaillères espacées sous les degrés et qu'on voit indiquées en profil dans la coupe.

DEUXIÈME PARTIE

BATIMENTS D'INSTRUCTION SECONDAIRE ET SUPÉRIEURE.

Envisagés autrement qu'au point de vue administratif, les établissements d'instruction secondaire et supérieure ne sont guère que des écoles dont les élèves sont logés et nourris. Si cette circonstance oblige à y faire entrer des services qui n'existent pas dans les bâtiments que nous avons précédemment étudiés, l'unité de sexe des individus simplifie bien des distributions.

Ce que nous avons dit à l'égard des conditions générales des écoles primaires s'applique donc aux lycées et autres établissements de la même classe, seulement ils peuvent être reportés, sinon à une certaine distance des centres de population, du moins hors des villes ou dans leurs faubourgs. Possédant ainsi de grandes facilités dans le choix et la forme de l'emplacement, on peut disposer aisément d'un terrain où l'édifice aurait les dimensions de largeur et de profondeur les plus favorables et où, se trouvant isolés, il devienne possible d'ouvrir des jours de tous côtés.

Notre attention se portera d'abord sur les Lycées départementaux et communaux dont ceux de Paris ne sont qu'une expression plus large, mais non plus complète; viendront ensuite un séminaire et une école normale.

LYCÉES. — Les deux exemples que nous avons reproduits, combinés sur les mieux ordonnés parmi ceux existants dans nos provinces, suffiront à faire connaître la nature et la disposition des locaux composant un lycée sans qu'il soit nécessaire de recourir à ceux de la capitale qui, d'ailleurs, ne sont pour la plupart que d'anciens couvents transformés et aménagés pour les besoins actuels, tandis que ceux que nous présentons sont uniquement conçus en vue de leur destination

L'un de ces lycées, élevé d'un rez-de-chaussée, de deux étages et d'un comble, occupe un terrain de 50 mètres de large sur 30 mètres de profondeur avec cour ouverte sur le devant, en partie bordée d'un portique et encadrée par deux ailes de bâtiments; des rues l'entourent sur trois côtés; sur le quatrième côté, en arrière des bâtiments, se trouve un jardin.

L'autre lycée, également limité par des rues, avec jardin en arrière aussi, occupe un emplacement de 35 mètres de large sur 50 mètres de profondeur et présente une disposition toute différente. Au centre se trouve une belle cour entourée de portiques de 15 mètres sur 30 mètres; cette cour intérieure offre pour le service de plus grandes convenances que celle de l'exemple précédent, mais la première donne à l'édifice un aspect plus monumental. On peut indifféremment adopter l'une ou l'autre de ces deux dispositions.

Les bâtiments de ce second exemple sont d'inégale hauteur. Ainsi, celui qui se présente en avant se compose d'un rez-de-chaussée, d'un premier étage et d'un comble; ceux régnant aux côtés de la cour n'ont qu'un rez-de-chaussée et celui du fond, un rez-de-chaussée, deux étages et un comble.

On peut voir de suite sur nos plans qu'un lycée comporte beaucoup plus de locaux qu'une simple école et que si on y rouve des dortoirs, une infirmerie, un réfectoire, une cuisine et ses dépendances, les classes y sont aussi plus nombreusest Dans notre premier exemple, ces dernières sont au nombre de six éclairées sur le jardin et en dehors du bruit de la rue; elles sont précédées d'un amphithéâtre qu'accompagne un laboratoire de physique et de chimie, et qui dans l'aile gauche répète le réfectoire.

On remarquera encore que cet établissement a deux entrées, l'une de service pour la cuisine et toute la maison, l'autre principale qui conduit tout d'abord à une salle d'attente pour les domestiques qui viennent chercher les élèves aux jours de sortie.

Tout dans ce plan se dégage bien et la circulation est claire et acile; elle ne l'est pas moins au premier étage auquel on arrive par un escalier unique placé au fond et au centre de l'édifice. C'est sous la seconde rampe de cet escalier qu'on passe pour se rendre au jardin, lequel est planté de manière à laisser un grand espace libre pour les récréations qui demandent du mouvement; y a de plus des ombrages pour la promenade et les jeux tranquilles; on y trouve aussi des latrines et un hangar ou promenoir couvert pour les jours de mauvais temps; on aurait encore pu y placer une gymnastique.

Le premier étage comprend l'appartement du directeur, le parloir, les salles d'études, les classes supérieures, la salle de dessin, etc.; le tout se dégage sur une galerie qui reproduit celle du rez-de-chaussée.

Au second étage se trouvent l'infirmerie et la lingerie situées à droite et à gauche de l'escalier, deux logements de professeurs ou surveillants à la suite, deux lavabos et deux dortoirs occupant chacune des ailes.

Le second exemple renferme les mêmes locaux, mais disposés d'une manière toute différente. Ici, l'entrée principale, le vestibule et le grand escalier qui en occupe le fond, ont un caractère monumental; ce vestibule sert en même temps de salle d'attente pour les domestiques. L'entrée de service se trouve rejetée sur le côté entre la cuisine et le réfectoire.

Les classes et les salles d'études donnant sur des rues pourraient en éprouver quelque inconvénient si la circulation y était active.

Au premier étage du bâtiment antérieur se trouve un grand salon attenant à l'appartement du directeur. Deux logements de professeurs, le complètent de l'autre côté.

Le bâtiment du fond renferme, au même étage, l'infirmerie, la lingerie, des cabinets d'aisances, une chambre de domestique, une de surveillant, un grand dortoir et son lavabo. Au second, deux dortoirs, moins grands situés aux extrémités, deux lavabos, deux chambres de surveillants, des lieux d'aisances et deux ou trois chambres de domestiques.

Ces deux lycées, chacun pour 120 élèves, dont 30 à 40 pensionnaires, présentent d'excellentes distributions et se complètent en quelque sorte l'un par l'autre.

SÉMINAIRE.—Un séminaire n'est qu'un lycée, mais un lycée particulier, soumis à un régime tout spécial, qui modifie nécessairement la nature et la distribution des locaux dont il se compose. Il a un caractère religieux, monastique, claustral, que ne possède jamais le lycée laïque et une chapelle lui devient dès lors indispensable; cette chapelle demande même à être apparente et à trancher sur les autres bâtiments. Le jardin, beaucoup plus vaste, doit être planté partie en potager et en verger pour les besoins de la maison et partie en jardin d'agrément aménagé pour la promenade.

Un séminaire peut aussi être plus éloigné des centres de population que tout autre établissement scolaire. Dans ce cas, il serait bon d'y ajouter, ce qui n'existe pas sur l'exemple pl. XXV, une boulangerie, des magasins, une vacherie, des écuries et remises, une buanderie, même un atelier affecté aux artisans employés par la maison, toutes choses qui n'y sont pas d'une absolue nécessité quand il se trouve à l'intérieur d'une ville ou dans l'un de ses faubourgs. Ces services supplémentaires seront toujours mieux placés dans un bâtiment spécial donnant sur la voie publique et ayant son entrée particulière. Le programme d'un séminaire comporterait encore, à l'exemple de ce qui se voyait dans les anciens monastères, des chambres ou cellules à l'usage des ecclésiastiques de passage.

Il faut, dans un séminaire, une grande cour entourée de portiques et servant de cloître; c'est autour de ce cloître que sont disposés les réfectoire, classes et autres salles. Ici, au rez-de-chaussée, il y a de plus que dans les lycées, des salles de récréation, d'exercices et de conférences ainsi qu'une bibliothèque beaucoup plus importante; au premier étage, un appartement où se retire l'évêque du diocèse pendant la retraite pastorale, avec un logement pour son secrétaire; ici plus de dortoirs, mais des cellules particulières dégageant toutes sur une galerie centrale pourtournant l'édifice. La chapelle qui se trouve au fond et se projette en saillie sur le jardin, mais qui pourrait aussi bien être en avant, comprend, et même dépasse intérieurement la hauteur du rez-de-chaussée et du premier étage.

Si on voulait ajouter un second étage à ce séminaire, il serait tout à fait semblable au premier, excepté qu'il n'y aurait ni appartement d'évêque et de supérieur, ni lingerie, infirmerie, pharmacie ou bibliothèque qui doivent être uniques; mais comme le nombre des pensionnaires se trouverait ainsi considérablement accru, il faudrait augmenter le nombre ou les dimensions des salles et classes, des réfectoire, cuisine, etc., ce qui reporterait nécessairement au premier étage une partie de ces locaux. Ce seraient de préférence la bibliothèque, les salles de conférences et la pharmacie, que, du rez-de-chaussée de l'aile postérieure, on pourrait transporter au premier.

ÉCOLE NORMALE. — L'école normale achevée l'an dernier à Chaumont (Haute-Marne) nous a paru être un exemple recommandable de ce genre à présenter à cause de la simplicité de son plan qui s'allie avec une grande entente des besoins du service. Son architecture noble et sévère convient à sa destination, et, en exécution, produit un très-bon effet.

On y a annexé une école élémentaire pour 30 jeunes enfants de la ville. Cette petite école, qui occupe l'un des côtés de l'avant-cour, a son préau couvert et son préau découvert. L'autre côté de la cour est occupé par un petit bâtiment semblable où se trouvent le concierge, le parloir et des magasins.

Au fond de l'avant-cour, s'élève le bâtiment principal. Derrière s'étendent un vaste préau découvert que termine un préau couvert de forme demi-circulaire. Des jardins et un potager viennent à la suite et entourent l'édifice.

L'étage de soubassement renferme les caves, les cuisines et leurs dépendances, le rez-de-chaussée, l'appartement du directeur, les classes et tout ce qui tient aux études; au second, sont le dortoir pour 35 lits et les logements de deux professeurs.

Théod. VACQUER.

Elévation principale

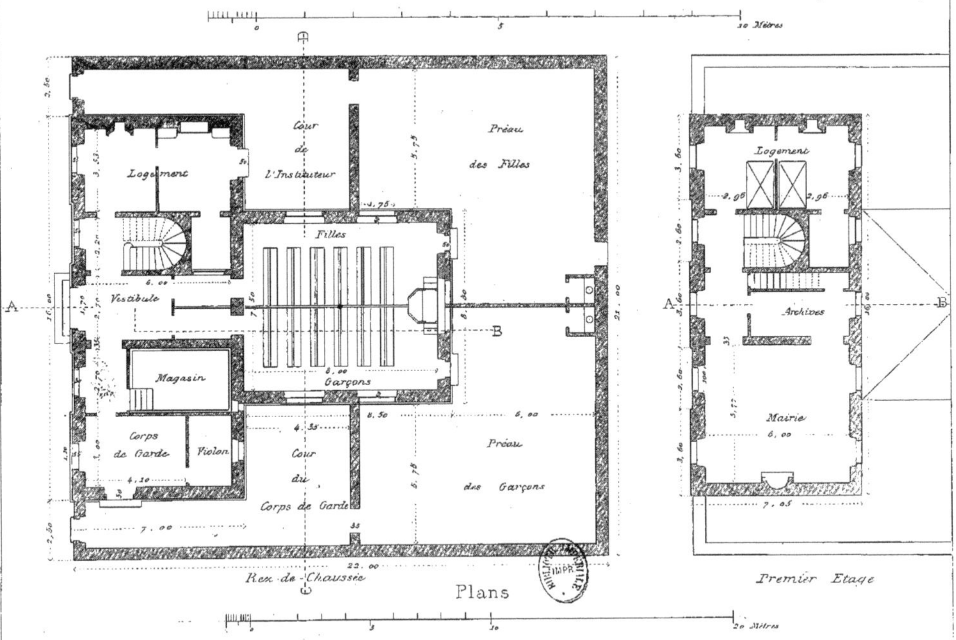

Plans

Th. Vacquer del — Boulay sculp.

MAIRIE, ÉCOLE MIXTE ET LOGEMENT D'INSTITUTEUR.
à Dammarie-lès-Lys, *(Seine et Marne)* M. Buval, *Architecte.*

Coupe suivant AB

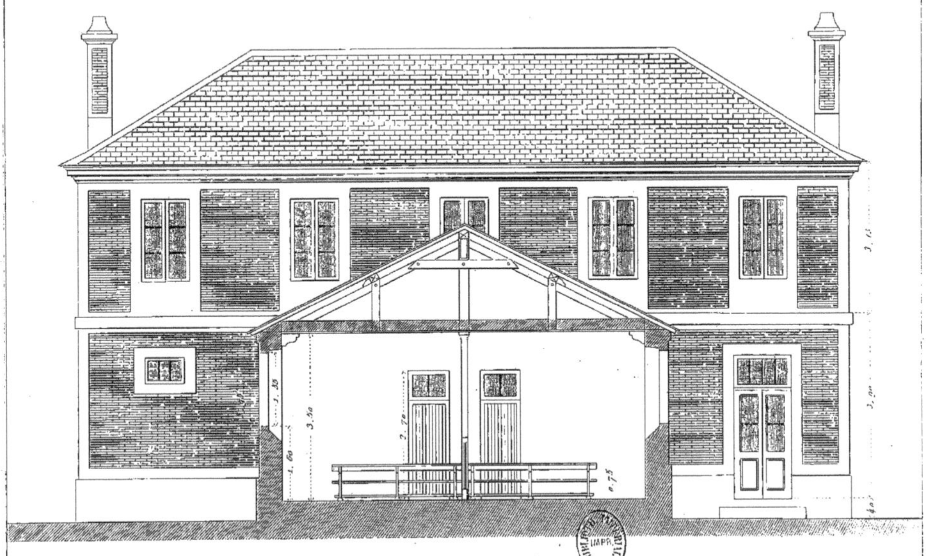

Coupe suivant CD

0 5 10 Mètres

Th. Vaquer del. Boulian sculp.

MAIRIE, ÉCOLE MIXTE ET LOGEMENT D'INSTITUTEUR.

à Dammarie-lès-Lys, *(Seine et Marne)* M. Buval *Architecte*.

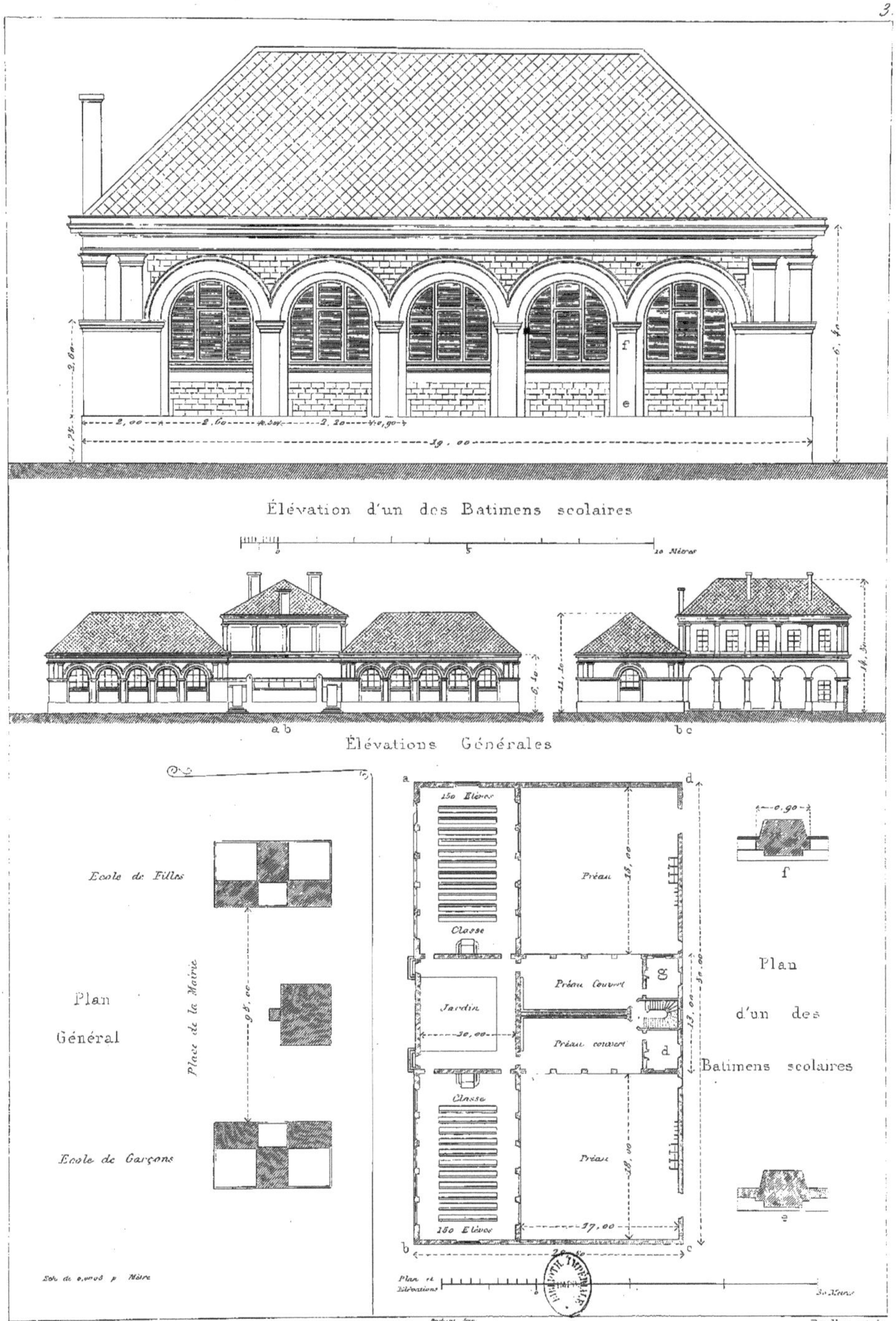

Théod. Vacquer del. Boulay sculp.

ÉCOLES accompagnant une MAIRIE.

XIVe Arrondissement de Paris. — (M. Naissant, Architecte)

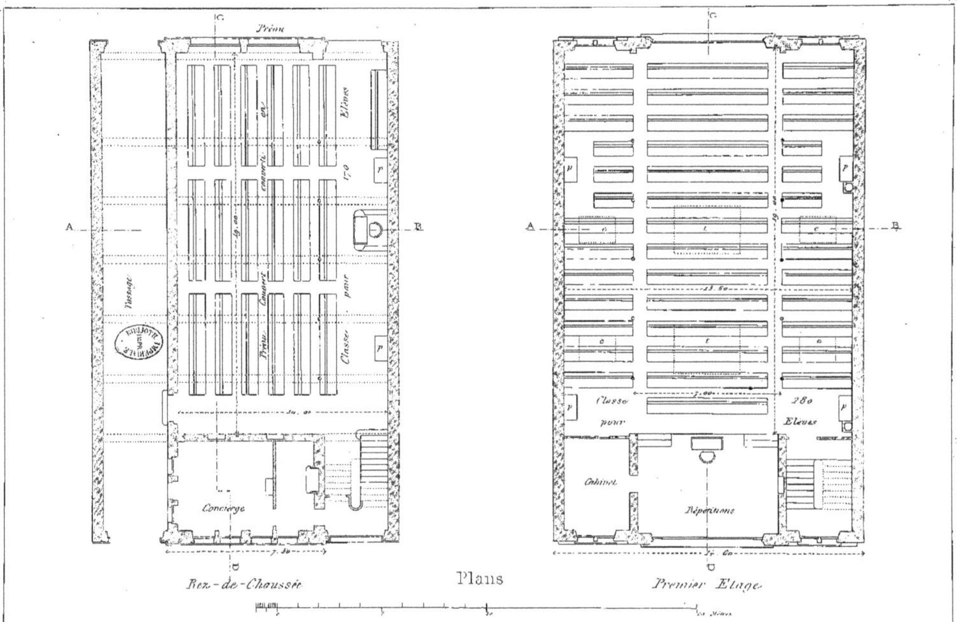

Th. Vacquer del. Boullay sculp.

ÉCOLE DE GARÇONS

Rue Saint-Hippolyte, à Paris. — (M. Durand-Billion, Architecte.)

Elévation principale

Th. Vacquer del.

ÉCOLE DE GARÇONS

Rue Saint Hippolyte, à Paris. _ M. Durand-Bilion, Architecte.

Beulay sculp.

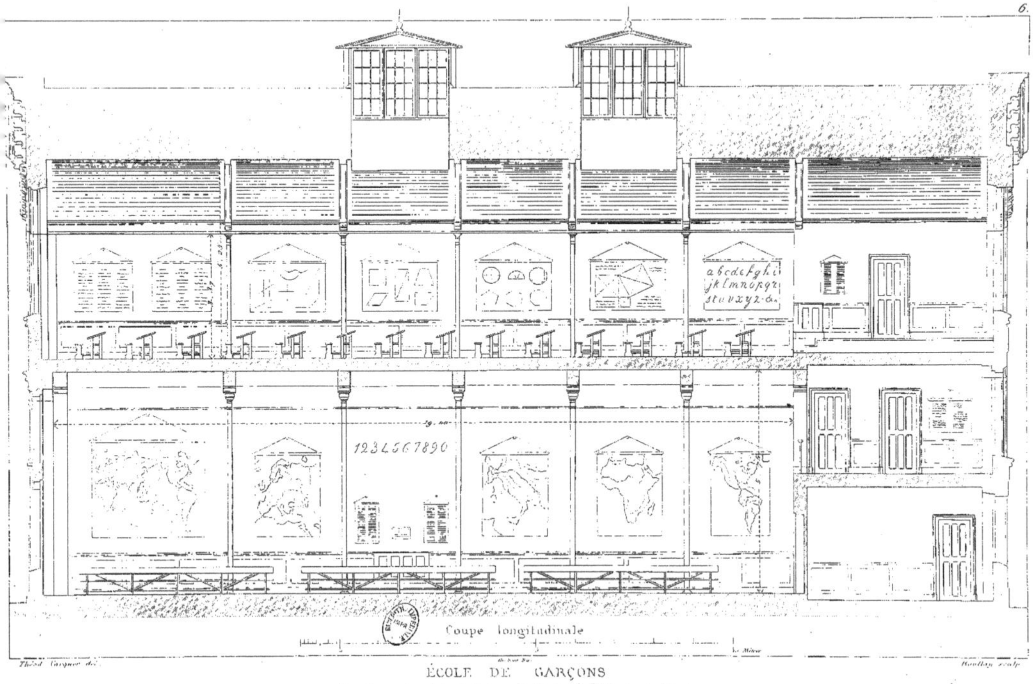

Coupe longitudinale

Théod. Turquet del. — Roullay sculp.

ÉCOLE DE GARÇONS

Rue Saint-Hippolyte, à Paris. _ M. Durand-Billion, Architecte.

Paris, CAUDRILIER, Editeur, Boulevard Saint-Martin, 14.

Coupe transversale

Th.^s Vacquer del. — Boullay sculp.

ÉCOLE DE GARÇONS

Rue Saint-Hippolyte, à Paris — M. Durand-Billion, Architecte.

Paris, CAUDRILIER Éditeur, Boulevard Saint Martin, 18.

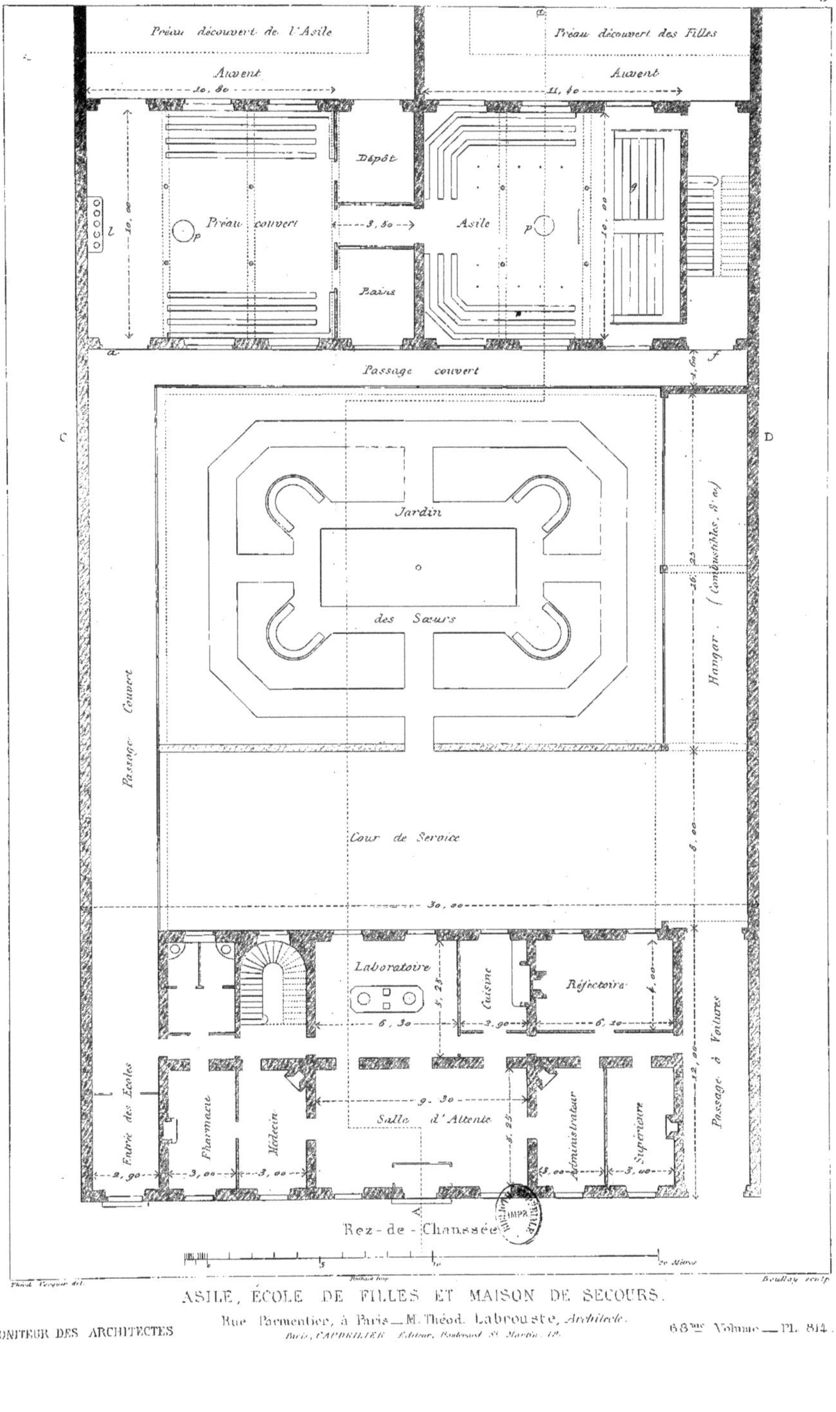

Théod. Vacquer del. — Boulloy sculp.

ASILE, ÉCOLE DE FILLES ET MAISON DE SECOURS.

Rue Parmentier, à Paris — M. Théod. Labrouste, *Architecte.*

Paris, CAUDRILIER Éditeur, Boulevard St Martin, 19.

BATIMENTS SCOLAIRES

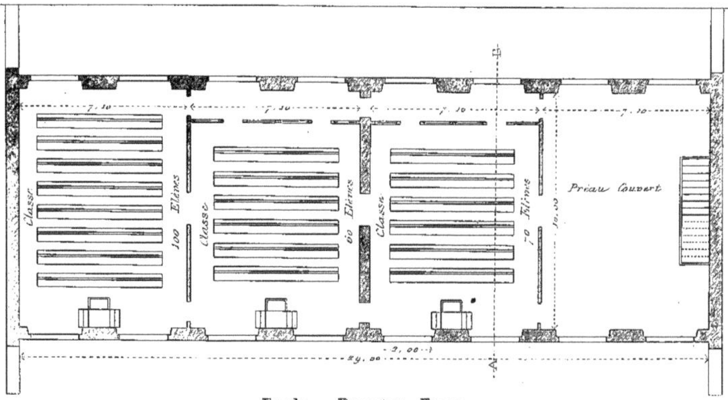

Ecole _ Premier Etage

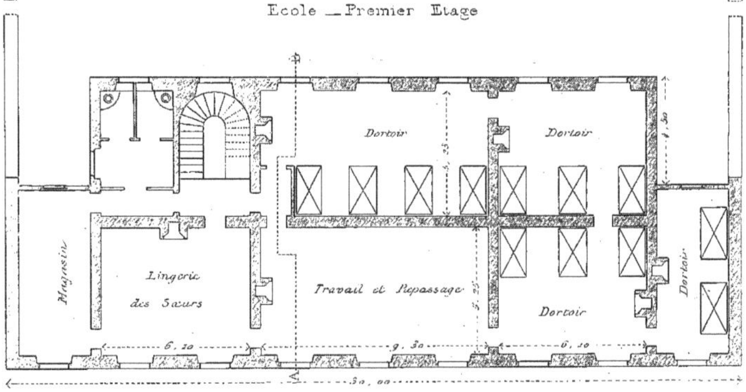

Maison de Secours _ Deuxième Etage

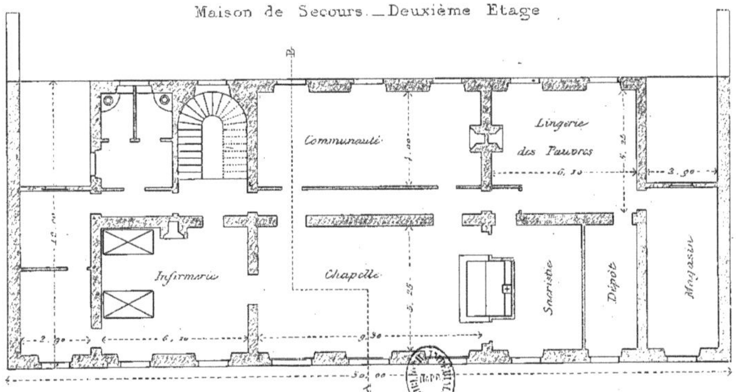

Maison de Secours _ Premier Etage

ASILE, ÉCOLE DE FILLES ET MAISON DE SECOURS

 Rue Parmentier, à Paris _ M. Théod. Labrouste, Architecte.

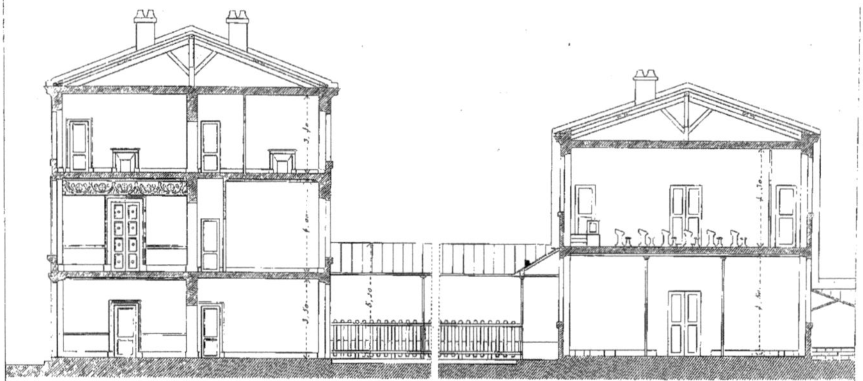

Coupe suivant AB

Coupe suivant CD

Élévation sur la Rue

Théod. Vacquer del. — Brullay sculp.

ASILE, ÉCOLE DE FILLES ET MAISON DE SECOURS.

Rue Parmentier, à Paris. — M. Théod. Labrouste, Architecte

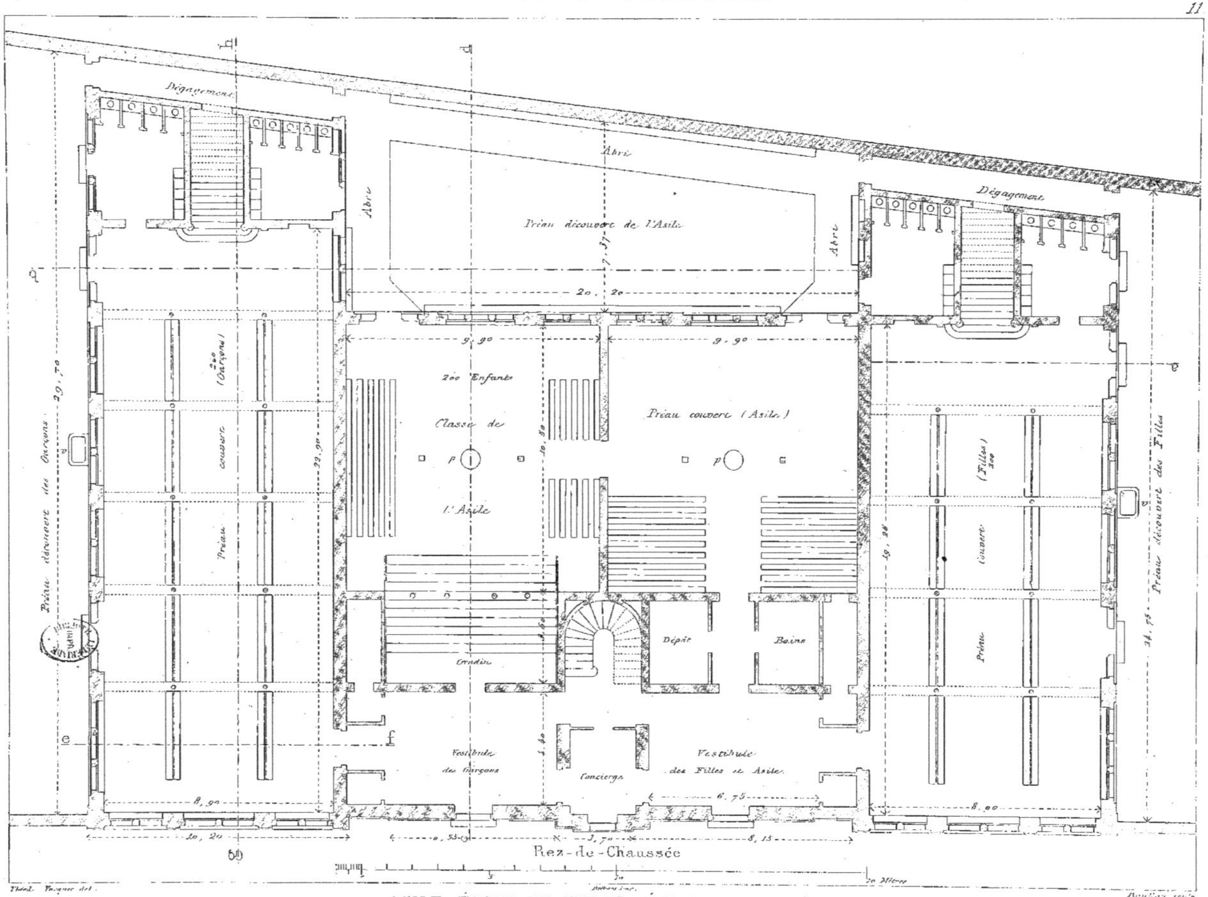

Théod. Vacquer del.

ASILE, ÉCOLE DE FILLES, ÉCOLE DE GARÇONS.

Rue Keller, à Paris. _ M. Durand-Billion. *Architecte*.

Paris, CAUDRILLIER, Éditeur.

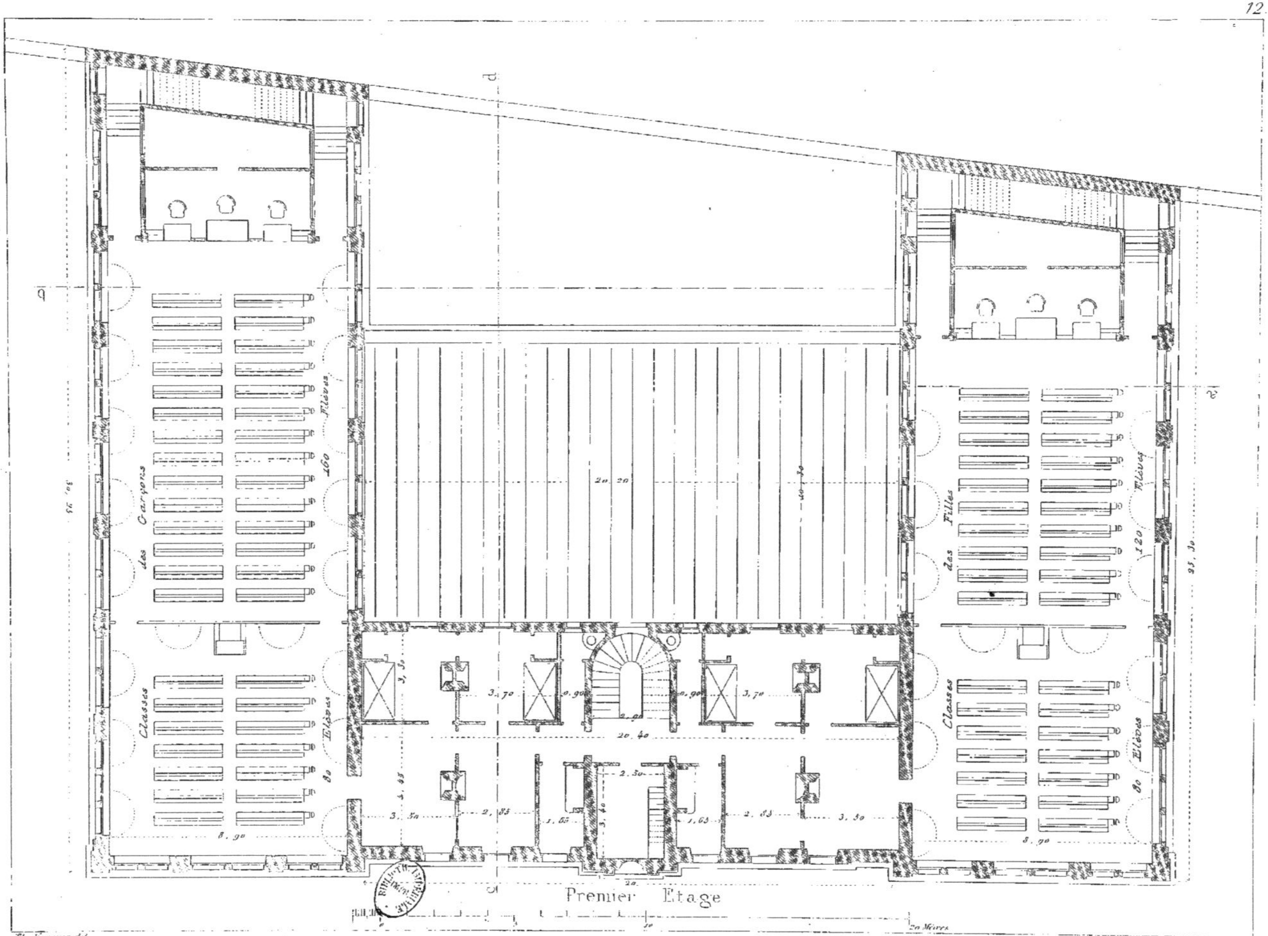

Th. Varquer del. Raulhy sculp.

ASILE, ÉCOLE DE FILLES, ÉCOLE DE GARÇONS.

Rue Keller, à Paris... (M. Durand-Billion, Architecte).

Paris CAPRILLER Éditeur, R. St Martin

MONITEUR DES ARCHITECTES

61me Volume — PL. 724.

Coupe suivant a b

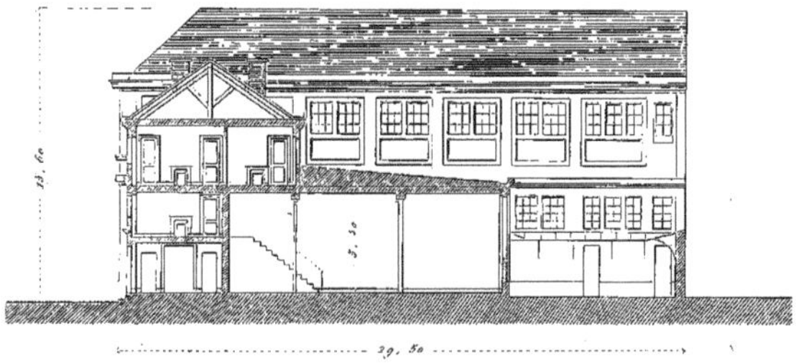

Coupe suivant c d

Élévation générale

Ph. Vacquer del. Boulloys sculp.

ASILE, ÉCOLE DE FILLES, ÉCOLE DE GARÇONS

Rue Keller, à Paris. _ M. Durand-Billion, Architecte.

Elévations

ASILE, ÉCOLE DE FILLES, ÉCOLE DE GARÇONS

Rue Keller à Paris. — (M. Durand-Billion, Architecte)

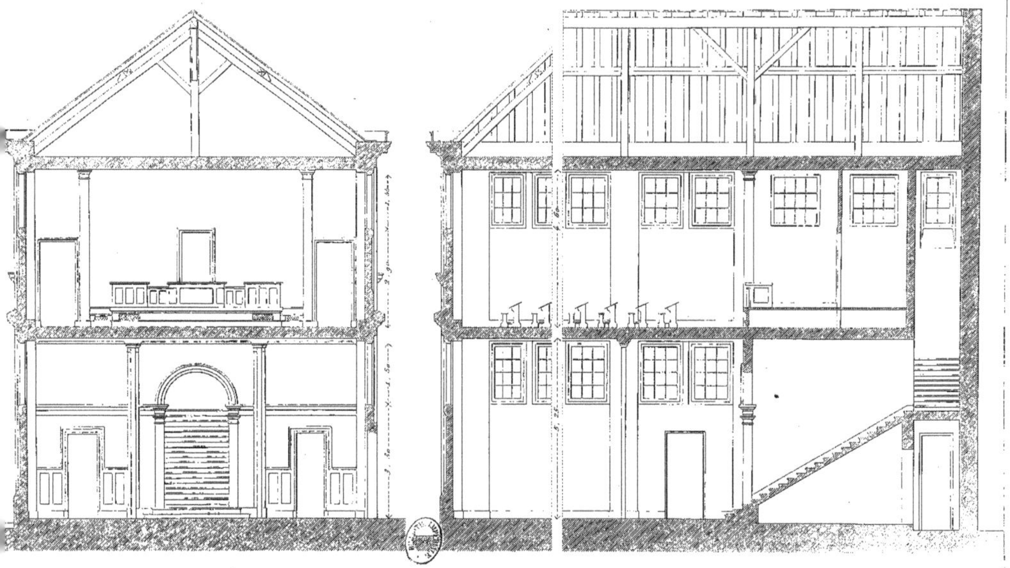

suivant e f

Coupes

suivant g h

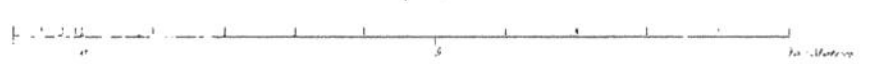

ASILE, ÉCOLE DE FILLES, ÉCOLE DE GARÇONS

Rue Keller à Paris. _ (M. Durand-Bilhon, *Architecte.*)

Paris, CAUDRILIER, Editeur, Boulevard Saint Martin, 12

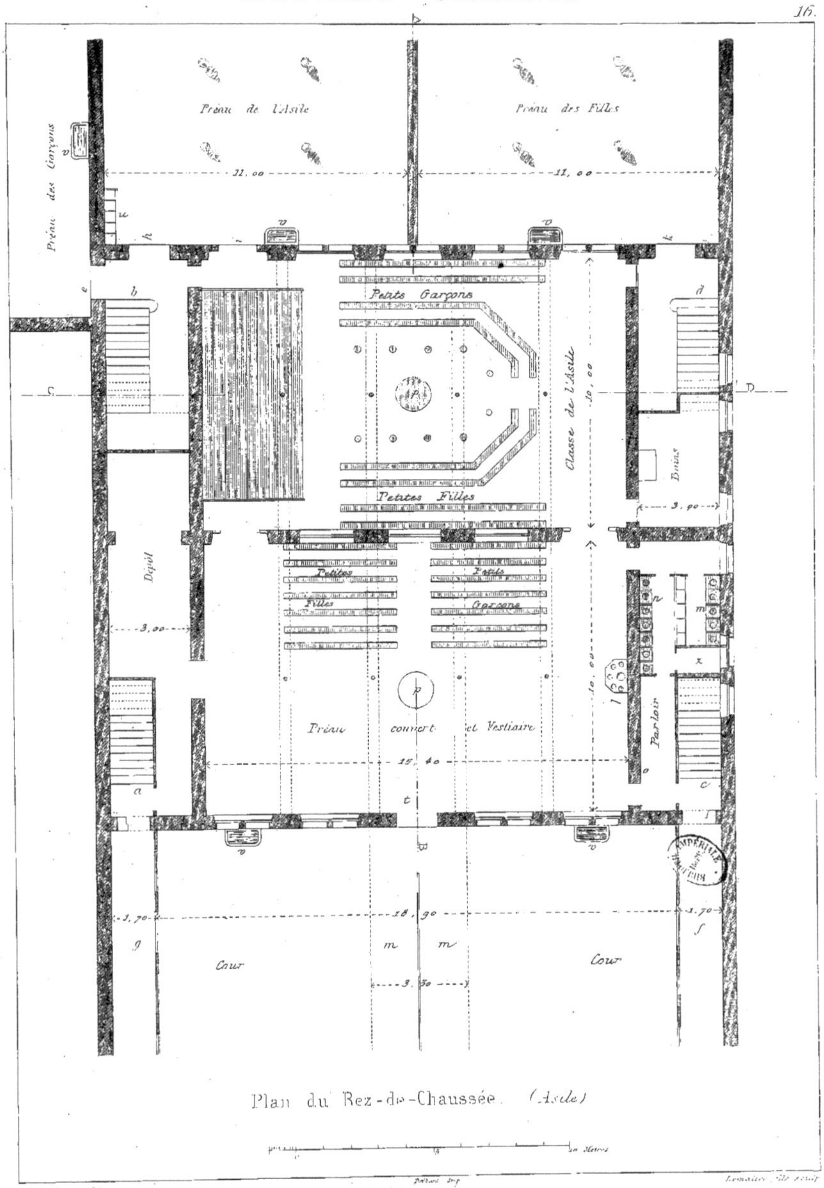

Plan du Rez-de-Chaussée. (Asile)

Théod. Vacquer del. — Lemaître fils sculp.

ASILE, ÉCOLE DE FILLES, ÉCOLE DE GARÇONS, CLASSES D'ADULTES

Rue de Vaugirard, à Paris.

Paris, CAUDRILIER Éditeur, Boulevard Saint Martin, 19.

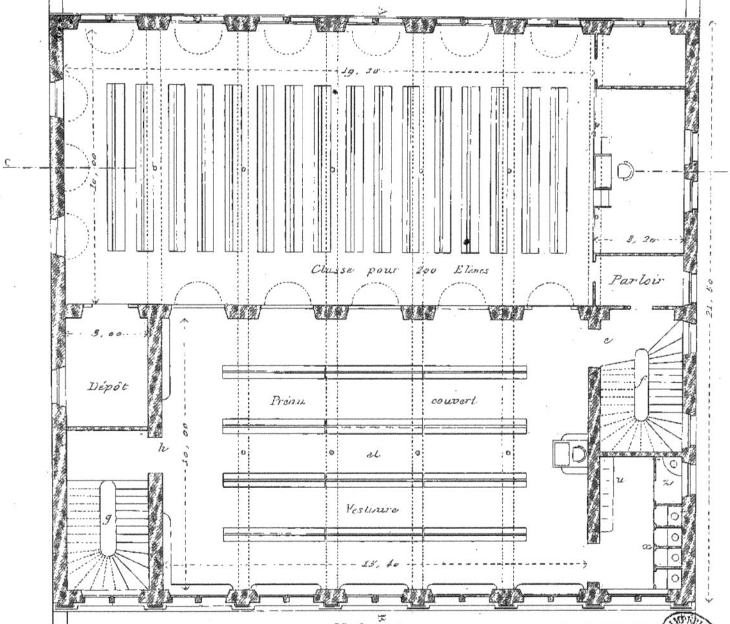

Plan des Premier et Deuxième Etages
(Filles et Garçons)

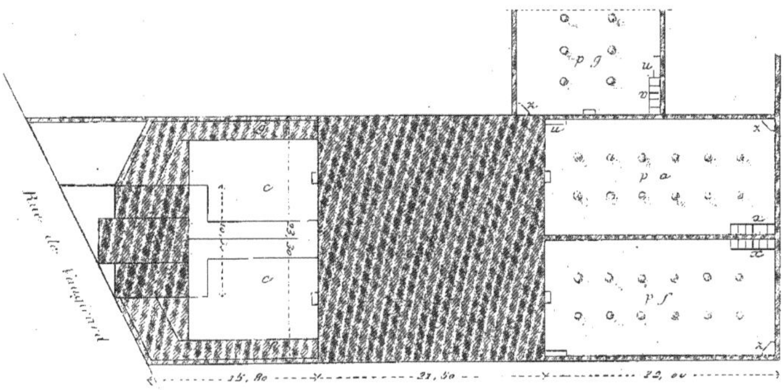

Plan Général

ASILE, ÉCOLE DE FILLES, ÉCOLE DE GARÇONS, CLASSES D'ADULTES.

Rue de Vaugirard, à Paris.

Paris, CAUDRILIER Editeur, Boulevard Saint Martin, 19.

Élévation principale

Théod. Vacquer del. — Lemaitre fils sculp.

ASILE, ÉCOLE DE JEUNES FILLES ET DE JEUNES GARÇONS, CLASSES D'ADULTES.
Rue de Vaugirard, à Paris.

Paris, CAUDRILIER, Editeur, Boulevard Saint Martin 19.

Coupe suivant A B

0 5 10 Mètres

Théod. Vacquer del. Bertrand Imp. Lemaître fils sc.

ASILE, ECOLE DE FILLES, ECOLE DE GARÇONS, CLASSES D'ADULTES

Rue de Vaugirard, à Paris.

Paris, CAUDRILIER Editeur

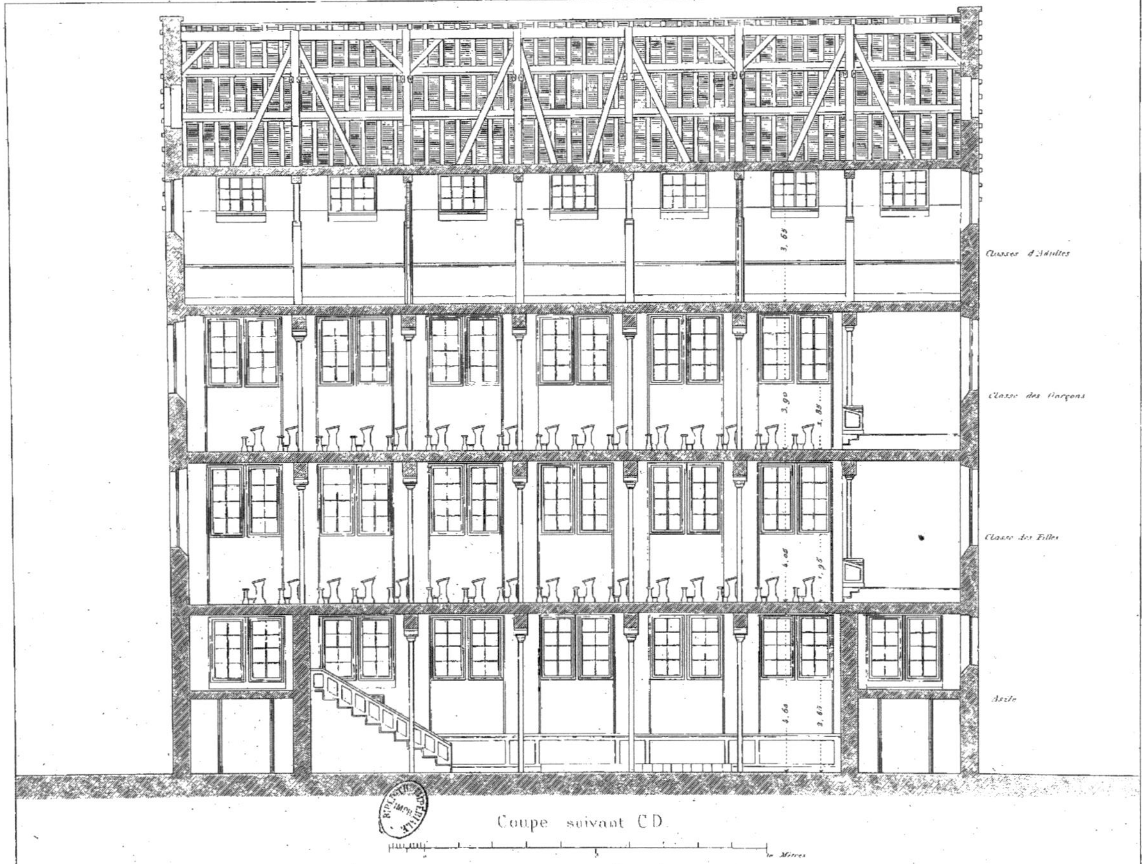

Coupe suivant CD

Théod. Vacquer del. Brebant Imp. Lemaître fils sculp

ASILE, ÉCOLE DE JEUNES FILLES ET DE JEUNES GARÇONS, CLASSES D'ADULTES.
Rue de Vaugirard, à Paris.

Paris, CAUDRILIER Editeur, Boulevard S.t Martin 19.

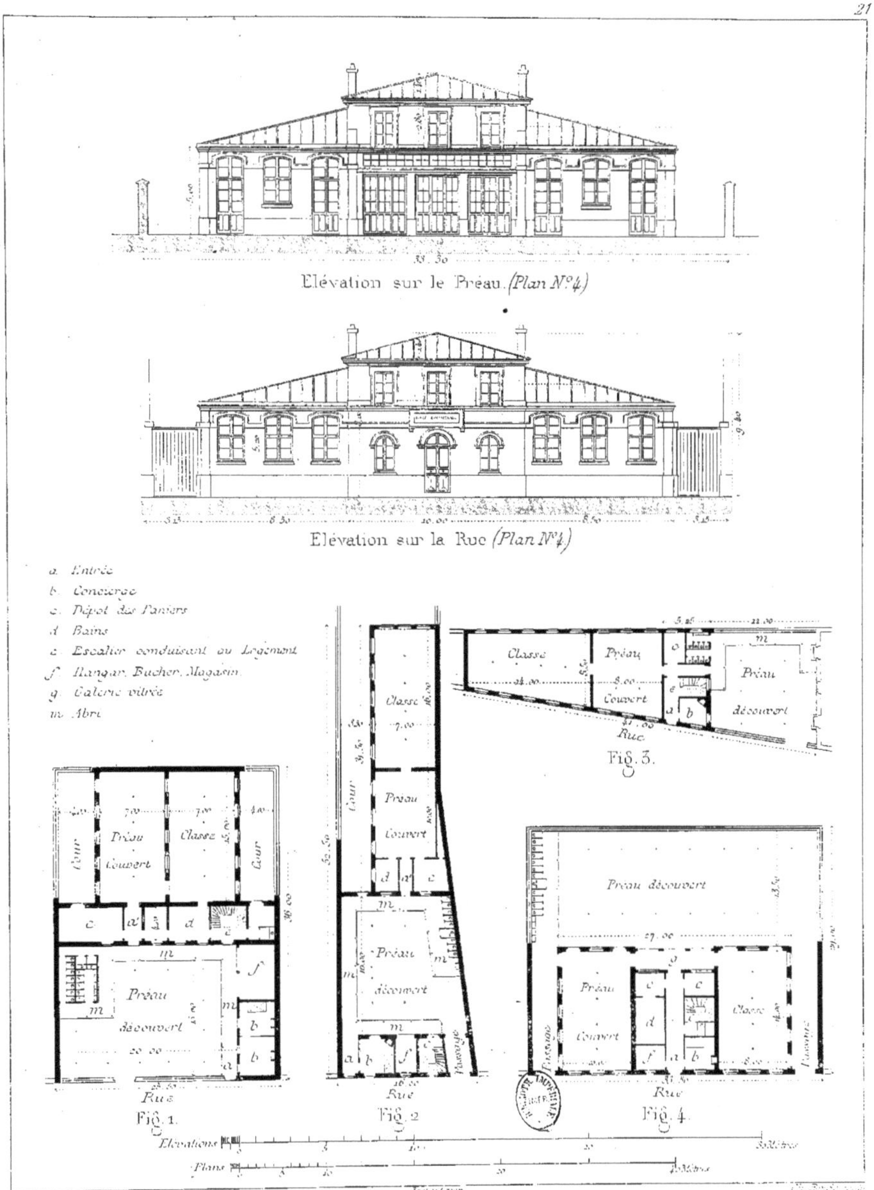

PLANS GÉNÉRAUX _ PARALLÈLE.

Paris CAUDRILIER Editeur Boulevard St Martin 19

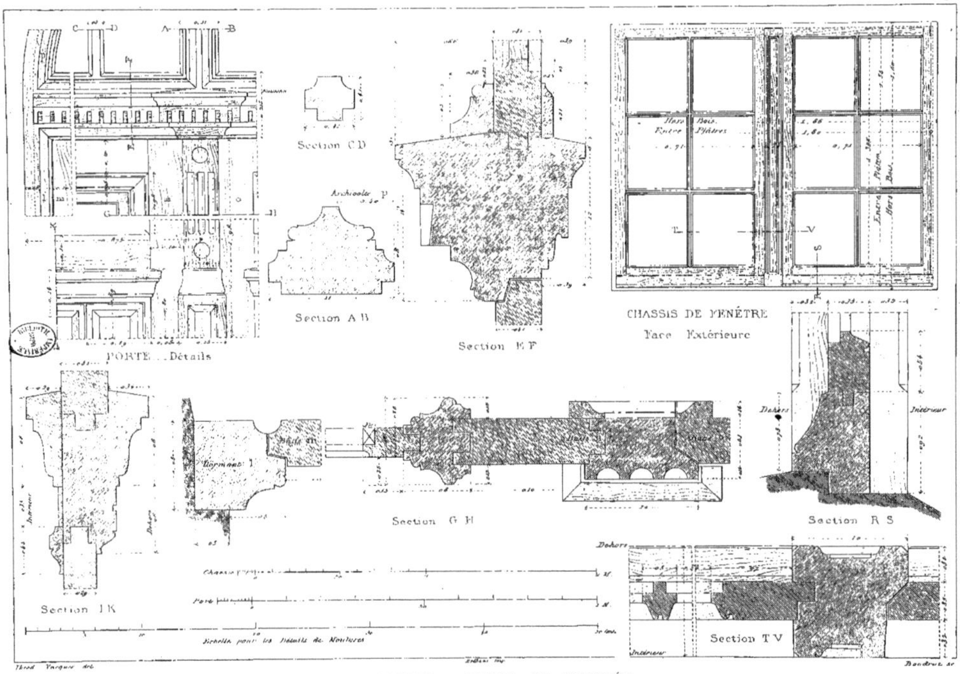

Théod. Vacquer del.

Baudrux sc.

MENUISERIE — PORTE ET CROISÉE

Paris, CAUDRILIER Éditeur

BATIMENTS SCOLAIRES

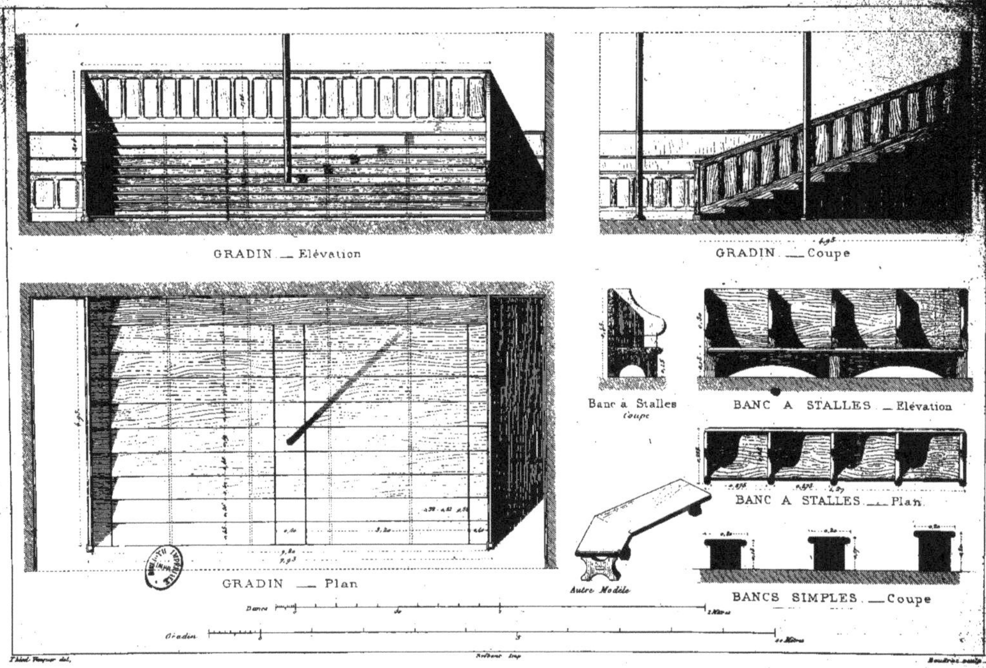

SALLES D'ASILE — AMEUBLEMENT

Paris, CAUDRILIER Editeur, Boulevard St Martin, 18

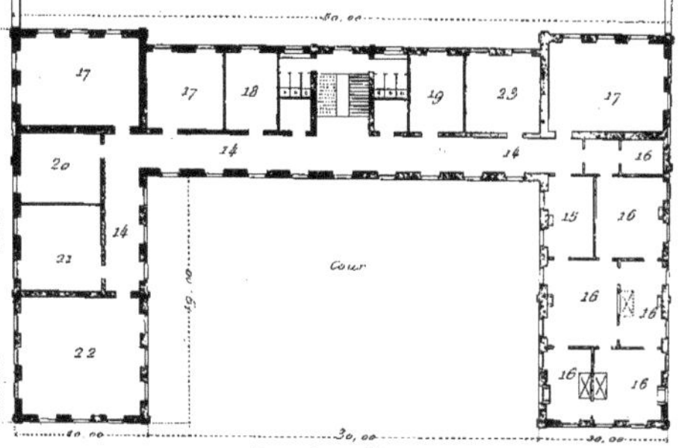

Premier Etage

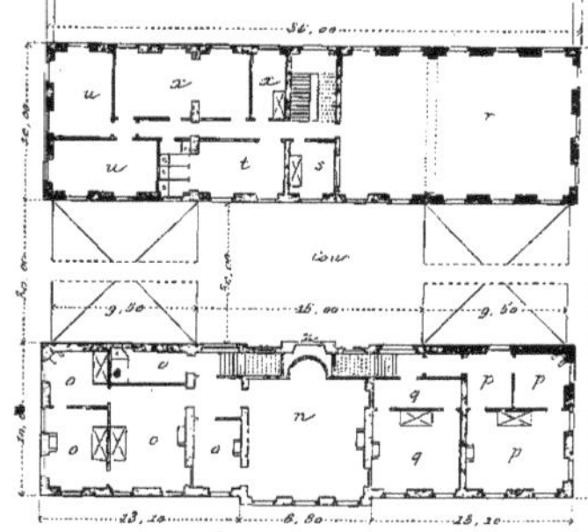

Premier Etage

1 — Vestibule
2 — Concierge
3 — Salle d'Attente
4 — Galerie
5 — Entrée de Service
6 — Economat et Dépense
7 — Cuisine
8 — Lavabo
9 — Office
10 — Réfectoire
11 — Classes de Latinité
12 — Amphithéâtre
13 — Laboratoire
14 — Galerie
15 — Parloir
16 — Appartement du Principal
17 — Etudes
18 — Rhétorique
19 — Philosophie
20 — Sciences
21 — Mathématiques
22 — Dessin
23 — Bibliothèque et Collections

a — Vestibule
b — Concierge
c — Parloir
d — Galerie
e — Entrée de Service et Office
f — Economat et Dépense
g — Cuisine
h — Réfectoire
i — Classes de Latinité
k — Etudes
l — Rhétorique
m — Philosophie
n — Salon de Réception
o — Appartement du Principal
p — Logement de Professeur
q — Logement de Professeur
r — Dortoir
s — Surveillant
t — Lavabo
u — Infirmerie
v — Lingerie
x — Domestique
z — Horloge

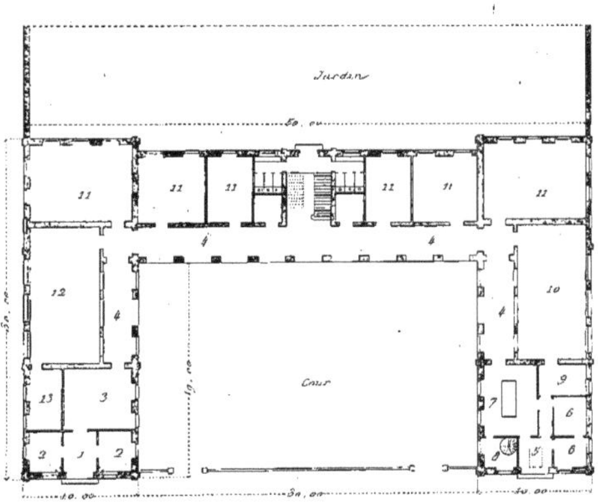

Rez-de-Chaussée

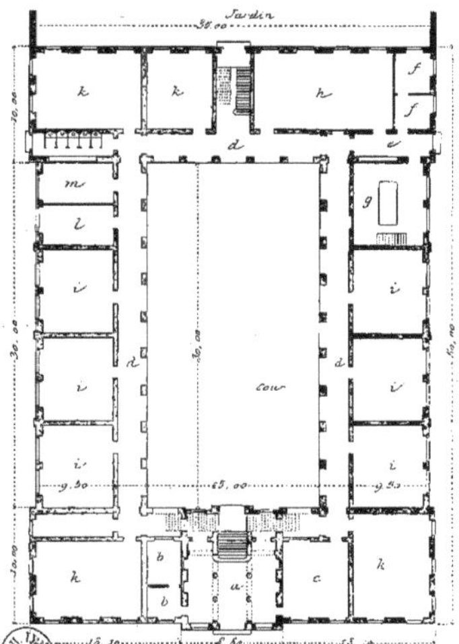

Rez-de-Chaussée

Théod. Vacquer del. — Lemercier Imp. — Ch. Bruté sculp.

LYCÉES DÉPARTEMENTAUX

Paris, CAUDRILLIER, Éditeur

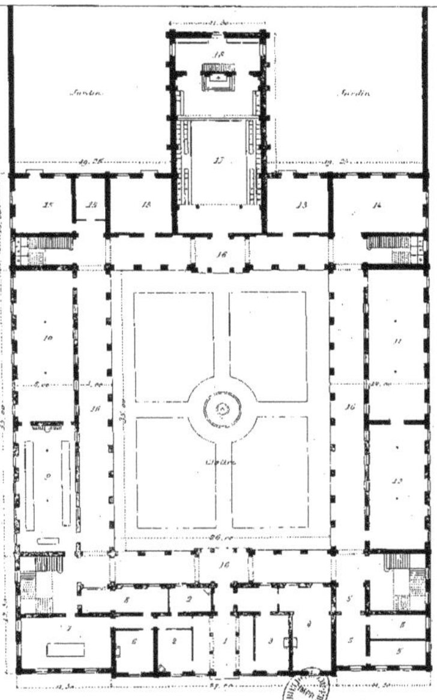

Rez-de-Chaussée

1 … Vestibule
2 — Concierge
3 … Parloir des Directeurs
4 … Parloir des Élèves
5 … Magasin, Dépôt, Bûcher, Linge sale
6 — Economat
7 … Cuisine
8 — Office et Dépense
9 — Réfectoire
10 — Récréations
11 … Salle d'Études
12 — Salle d'Exercices
13 — Salles de Conférences
14 — Bibliothèque
15 — Pharmacie
16 … Galeries du Cloître
17 … Chapelle
18 … Sacristie
19 … Corridors
20 — Grand Salon
21 — Appartement de l'Évêque
22 — Secrétaire de l'Évêque
23 … Appartement du Supérieur
24 … Logements des Directeurs
25 … Bains
26 … Cellules d'Élèves
27 … Cellules de Discipline
28 … Lingerie
29 — Infirmerie
30 — Tribune sur la Chapelle pr les Malades
31 — Logements

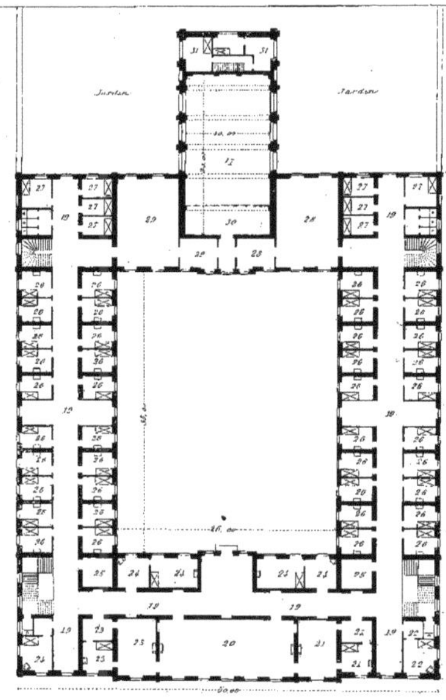

Premier Étage

SÉMINAIRE

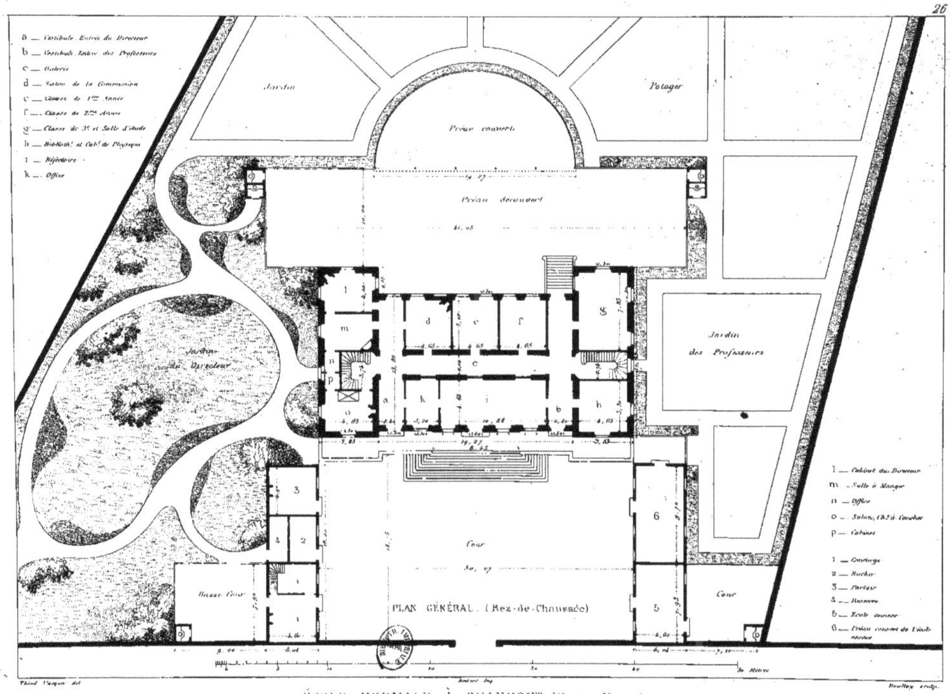

ÉCOLE NORMALE, À CHAUMONT, (Haute-Marne).

M. Descaves, Architecte.

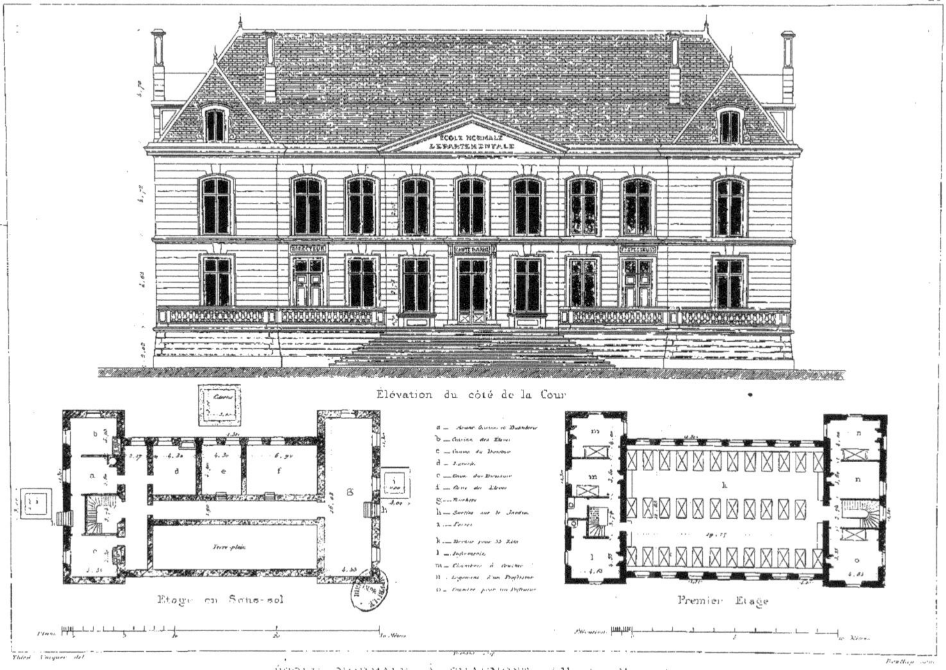

ÉCOLE NORMALE, À CHAUMONT, (Haute-Marne)

M. Descaves, Architecte du Département.

Paris, CHOBILLIER Éditeur, Boulevard St Martin, 19.

www.ingramcontent.com/pod-product-compliance
Ingram Content Group UK Ltd.
Pitfield, Milton Keynes, MK11 3LW, UK
UKHW031943260826
14628UKWH00004B/1809

9 782019 659271